OSNOVNA ZEI KUHARICA

100 zelenih receptov za obogatitev vaših jedi in 100 zadovoljivih načinov, kako pojesti več zelenjave

Jože Vidmar

Vse pravice pridržane.

Zavrnitev odgovornosti

Informacije v tej e-knjigi naj bi služile kot obsežna zbirka strategij, o katerih je avtor te e-knjige raziskal. Povzetki, strategije, nasveti in triki so samo priporočila avtorja in branje te e-knjige ne zagotavlja, da bodo rezultati natančno odražali rezultate avtorja. Avtor e-knjige se je po svojih najboljših močeh trudil zagotoviti aktualne in točne informacije za bralce e-knjige. Avtor in njegovi sodelavci ne odgovarjajo za morebitne ugotovljene nenamerne napake ali pomanjkljivosti. Gradivo v e-knjigi lahko vključuje informacije tretjih oseb. Gradiva tretjih oseb vsebujejo mnenja, ki so jih izrazili njihovi lastniki. Kot tak avtor e-knjige ne prevzema odgovornosti za nobeno gradivo ali mnenja tretjih oseb. Bodisi zaradi napredka interneta ali nepredvidenih sprememb v politiki podjetja in smernicah za uredniško oddajo, lahko tisto, kar je v času tega pisanja navedeno kot dejstvo, kasneje postane zastarelo ali neuporabno.

E-knjiga je avtorsko zaščitena © 2023 z vsemi pravicami pridržanimi. Nadaljnja distribucija, kopiranje ali ustvarjanje izpeljanega dela iz te e-knjige v celoti ali delno je nezakonito. Nobenega dela tega poročila ni dovoljeno reproducirati ali ponovno prenašati v kakršni koli reproducirani ali ponovno posredovani obliki brez pisnega in podpisanega dovoljenja avtorja.

KAZALO

KAZALO 3

UVOD 7

1. SEZAMOV STROČJI FIŽOL 10
2. PEČENO KORENJE 12
3. DUŠENO RDEČE ZELJE S SLANINO 14
4. VEGANSKI NAREZAN KROMPIR 16
5. PIRE REDSKIN KROMPIR 18
6. CVETAČA S HRUŠKAMI IN LEŠNIKI 20
7. KORUZNA KREMA 23
8. PREPROSTO PEČEN BRSTIČNI OHROVT 25
9. OCVRTA KORUZA 27
10. CVETAČA S SIROVO OMAKO 29
11. ŽGANJE, GLAZIRANO KORENJE 31
12. DUŠENA 33
13. KLOBASA IN REPA 36
14. GRATINIRAN KROMPIR 38
15. KREMNA ŠPINAČA 40
16. SUCCOTASH 42
17. BRUSELJ S PANCETO 44
18. DUŠEN POR S PARMEZANOM 46
19. PEČENA PESA S CITRUSI 48
20. DELICATA BUČA Z JABOLKI 51
21. PIRE IZ SLADKEGA KROMPIRJA IZ MELASE 54
22. GRATINIRANA BISERNA ČEBULA S PARMEZANOM 55
23. GRATINIRAN SLADKI KROMPIR IN POR 59
24. PEČENE GOBE NA RJAVEM NA MASLU 62
25. POLPETI IZ RDEČE LEČE 64
26. PESTO IZ RUKOLE IN BUČKE 67

27.	VEGETARIJANSKA ENOLONČNICA	70
28.	PEČEN BRSTIČNI OHROVT	73
29.	KVINOJA V PONVI	75
30.	LEPLJIVI TOFU Z REZANCI	78
31.	KALČKI S STROČJIM FIŽOLOM	81
32.	TOFU V SKORJICI Z REDKVICO	83
33.	GALETA IZ MASLENE BUČE	86
34.	KVINOJA S CURRY PASTO	89
35.	PEČENA DIMLJENA KORENČKOVA SLANINA	92
36.	LOSOS NAD ŠPAGETI SQUASH	94
37.	SQUASH CARBONARA	96
38.	PEČENA PARADIŽNIKOVA OMAKA	99
39.	RATATOUILLE	102
40.	PEKA IZ CVETAČE	104
41.	CAULICAKE	107
42.	ZAČINJENI OHROVT "MESNE KROGLICE"	110
43.	BUČA CARBONARA	113
44.	ITALIJANSKA KLOBASA V ENEM LONCU	116
45.	SOLATA IZ BROKOLIJA	119
46.	SLANINA S SIRASTO CVETAČNO KAŠO	121
47.	HRUSTLJAVO PEČEN TOFU IN SOLATA BOK CHOY	123
48.	KREMNA ŠPINAČA	126
49.	CHEESY ZOODLES S SVEŽO BAZILIKO	129
50.	ZELENJAVNE BURGER POLPETE	132
51.	PIKANTNA CVETAČA S SUJUK KLOBASAMI	134
52.	BALZAMIČNI BRSTIČNI OHROVT IN BACON	136
53.	ČESEN PARMEZAN PRAŽENE REDKVICE	139
54.	CVRTNIK CVETAČA	142
55.	JICAMA KROMPIRČEK	144
56.	ZELENJAVNI RAŽNJIČI	147
57.	ŠPAGETI SQUASH	150

58.	Brstični ohrovt z javorjem	152
59.	Limetin krompir	154
60.	Mešanica brstičnega ohrovta in paradižnika	156
61.	Redkev Hash	158
62.	Gobe z zelišči in smetano	160
63.	Šparglji	162
64.	Maslo Korenje	164
65.	Jajčevci v azijskem slogu	166
66.	Masleni koruzni storž	168
67.	Začinjen stročji fižol na kitajski način	170
68.	Mešanica zeliščnih jajčevcev in bučk	172
69.	Kuhan Bok Choy	174
70.	Cvrtnik z jajčevci	176
71.	Zračni cvrtnik Koleraba krompirček	179
72.	Narezane kumarice	181
73.	Kandirani jam	183
74.	Solata, polnjena z avokadom	185
75.	Surovi bučkini zvitki	187
76.	Gobe, polnjene s pestom iz indijskih oreščkov	189
77.	Avokadova solata Caprese	191
78.	Čolni s surovimi	193
79.	Jabolčni nachos	195
80.	Surove brezmesne kroglice	197
81.	Testenine s surovim korenčkom	199
82.	Testenine iz bučk	201
83.	Gobova juha šitake	203
84.	Cvetača Brokoli 'Rice'	205
85.	Bučkini rezanci z bučnimi semeni	207
86.	Marinirane gobe z limono in peteršiljem	209
87.	Veganski spomladanski zvitki	211
88.	Bučni curry s pikantnimi semeni	213

89.	Tamarind Fish Curry	215
90.	Okra Curry	218
91.	Zelenjavni kokosov kari	220
92.	Osnovni zelenjavni curry	222
93.	Črni fižol in kokosov kari	225
94.	Zelje Curry	228
95.	Cvetačni kari	230
96.	Krompirjev, cvetačni in paradižnikov kari	232
97.	Pumpkin Curry	234
98.	Praženje zelenjave	237
99.	Curry iz bele buče	239
100.	Pražena korenasta zelenjava in sirek	241

ZAKLJUČEK ... 244

UVOD

Priprava več zelenjave in kuhanje doma je preprosta strategija, ki lahko močno izboljša vaše zdravje. Še več, raziskave so pokazale, da je priprava hrane doma povezana z manjšo porabo hitre hrane in manj denarja, porabljenega za hrano.

Eden od prvih korakov k več kuhanju doma je učenje različnih načinov kuhanja sveže zelenjave. Te veščine vam bodo omogočile, da bo zelenjava postala zvezda vaših obrokov, kar vam bo zagotovilo ogromno koristnih hranil in vodilo k izboljšanemu zdravju.

Osnovni načini kuhanja zelenjave

A. SEKLJANJE

Sekljanje je približno tako osnovno, kot si ga lahko privoščite, in je nekaj, kar se izkušenim domačim kuharjem morda zdi samoumevno. Vendar se vsi ne naučijo rezati, narezati na kocke in julienne veggies kot otrok. Zato je sekljanje prva in najpomembnejša veščina, ki jo morate osvojiti, če želite postati boljši kuhar in pojesti več zelenjave.

B. KUHANJE NA PARI

Kuhanje na pari je prastara tehnika za pripravo zelenjave. Včasih ga spregledamo, vendar resnično opravi delo! Poleg tega raziskave kažejo, da lahko kuhanje nekatere zelenjave v pari ohrani njene hranilne snovi bolj kot druge metode kuhanja.

Kuhati zelenjavo na pari pomeni izpostaviti jo vroči vodi, da se hrana zmehča in postane mehkejša.

C. VRETI

Kuhanje zelenjave je eden najlažjih načinov priprave. Medtem ko lahko vretje povzroči, da nekatere hranilne snovi iz zelenjave odtečejo v vodo, to ne velja za vsako vrsto zelenjave. Včasih je kuhanje najučinkovitejši način kuhanja krompirja in druge čvrste korenaste zelenjave, tudi če se nekaj hranilnih snovi izgubi. In če jeste raznoliko tako kuhano kot surovo zelenjavo, vam ni treba skrbeti za ohranitev optimalne hranilne vrednosti vsakega posameznega obroka.

D. DUŽENJE

Dušiti zelenjavo pomeni kuhati jo v neki vrsti maščobe na vročem. Najpogostejše maščobe, ki se uporabljajo pri sotiranju, so ekstra deviško oljčno olje, avokadovo olje, maslo in celo kokosovo olje. Dodate lahko tudi sesekljan česen, zelišča in začimbe ter/ali sol in poper.

E. MARINIRANJE

Ko se boste v kuhinji počutili bolj udobno, lahko ustvarite marinade za zelenjavo! S ščetkanjem ali namakanjem zelenjave v mešanici oljčnega olja, začimb, zelišč in drugih arom pred kuhanjem lahko povečate njen okus in mehkobo, ko je kuhana. Marinirano zelenjavo lahko dušimo, pražimo ali pečemo na žaru.

F. PEČENJE

Če ste novi pri praženju zelenjave, ne veste, kaj zamujate! Praženje popolnoma spremeni okuse in teksturo surove zelenjave. Mnogi ljudje ugotovijo, da je zelenjava, ki jo nadvse sovražijo jesti surovo, ena izmed tistih, ki jih najraje uživajo pečena.

G. HITRO KISANJE

Hitro vlaganje je preprosta in zabavna tehnika priprave zelenjave. Čeprav se lahko vlaganje sliši zastrašujoče, je priprava vložene zelenjave (kisle kumarice iz hladilnika, ne tistih, ki so na policah) neverjetno enostavna. Z nekaj kisa, sladkorja in začimb lahko vložite skoraj vsako zelenjavo.

1. Sezamov stročji fižol

Dobitek: 8 obrokov

Sestavine
- 2 funta stročjega fižola, pecljata
- 3 žlice sezamovega olja
- 1 žlica riževega kisa
- 1 žlica limoninega soka
- 1 čajna žlička sveže naribanega ingverja
- 2 žlici sezamovih semen
- $\frac{1}{4}$ čajne žličke košer soli

navodila:
a) V velikem loncu zavremo vodo. Stročji fižol kuhajte, dokler ni hrustljav, 3 do 4 minute. Odlijemo vodo in odstavimo.
b) V veliki skledi za mešanje zmešajte druge sestavine in stepajte, dokler se dobro ne premešajo. Zmešajte stročji fižol in dobro premešajte, da se vključi.
c) Po okusu dodajte sveže mlet poper.

2. Pečeno korenje

Dobitek: 4 porcije

Sestavine
- 4 skodelice narezanega korenja
- 4 stroki česna - narezani
- 1 čajna žlička olja
- 1 skodelica prečiščene vode
- 1 čajna žlička morske soli

navodila:
a) V ponvi na zmernem ognju kuhamo česen, ki mu dodamo vodo.
b) Vanj stresite korenje in ga zavrite, nato pa znižajte na nizek ogenj in pokrijte 10 minut. Postrezite takoj.

3. Dušeno rdeče zelje s slanino

Dobitek: 4-6 obrokov

Sestavine

- 6 rezin slanine, grobo sesekljane
- 1 žlica sladkorja
- 1 velika rumena čebula, drobno sesekljana
- Košer sol in črni poper po okusu
- 1 jabolko granny smith, olupljeno in narezano
- 1/3 skodelice portovca
- ¼ skodelice rdečega vinskega kisa
- 1 večja glava rdečega zelja, nastrgana
- 2 skodelici piščančje juhe
- 1/4 skodelice želeja rdečega ribeza

navodila:

a) Slanino kuhajte 5 minut ali dokler ni komaj hrustljava.
b) Dodamo sladkor in kuhamo še 30 sekund.
c) Dodajte čebulo, sol in poper ter med občasnim mešanjem dušite približno 10 minut ali dokler ne postanejo zlate in mehke.
d) Vmešajte jabolka, zmanjšajte toploto na srednje nizko, pokrijte in dušite, dokler jabolka niso mehka, približno 20 minut.
e) Mešanico čebule in jabolk premešajte s portovcem, kisom in zeljem ter premešajte.
f) Pokrito kuhajte 5-7 minut oziroma dokler zelje ni živo vijolično in rahlo ovene.
g) Prilijemo osnovo in začinimo s soljo in poprom. Ogenj povišajte na srednje visoko in mešanico zavrite.

h) Dodamo žele iz rdečega ribeza, začinimo s soljo in poprom ter pustimo vreti še 4-5 minut.

4. Veganski narezan krompir

Dobitek: 6 obrokov

Sestavine:
- 6-8 tanko narezanih krompirjev
- 1 pločevinka veganske juhe s čedarjem
- 1-1/2 skodelice naribanega veganskega cheddar sira
- 1 pločevinka (12 oz.) evaporiranega mandljevega mleka
- Sol in poper

navodila:

a) Notranjost lonca popršite s pršilom za kuhanje.
b) Polovico narezanega krompirja položite v lonec.
c) Dodajte 1/2 pločevinke narezane juhe, 3/4 skodelice naribanega sira in 1/2 pločevinke mandljevega mleka. Po okusu začinimo s soljo in poprom.
d) Preostale sestavine naložite v enakem vrstnem redu kot prve.
e) Kuhajte 6 ur na visoki temperaturi.

5. Pire Redskin krompir

Dobitek: 20 obrokov

Sestavine:

- 10 lbs. rdečekož krompir
- 2 palčki masla
- 2 skodelici kisle smetane
- 3/4 skodelice mleka
- 2 žlički česna v prahu
- sol in poper po okusu

navodila:

a) V veliki ponvi skuhamo krompir do mehkega.
b) Precedimo v cedilo.
c) V večjo posodo za mešanje položite segret krompir.
d) Maslo z mešalnikom vmešamo v krompir.
e) Zmešajte ali pretlačite preostale sestavine.
f) Postrezite.

6. Cvetača s hruškami in lešniki

Dobitek: 8 obrokov

Sestavine

- 3 oz. (6 žlic.) Nesoljeno maslo
- 1 glava cvetače, narezana na majhne cvetove
- 1/2 skodelice praženih, sesekljanih lešnikov
- 8 svežih listov žajblja, narezanih na tanke rezine
- Košer sol in mleti črni poper
- 2 zreli hruški, brez peščic in na tanke rezine
- 2 žlici. sesekljanega svežega ploščatega peteršilja

navodila:

a) V 12-palčni ponvi na srednje močnem ognju stopite maslo, dokler ne postane svetlo zlate in začne brbotati. Dodajte cvetačo, orehe in žajbelj ter med občasnim mešanjem kuhajte 2 minuti.
b) Dodajte 1 čajno žličko soli in 1/2 čajne žličke popra ter dušite, občasno obračajte, še 6 do 7 minut ali dokler cvetača ne porjavi in postane hrustljavo mehka.
c) Dodamo rezine hrušk in peteršilj ter hruške nežno premešamo .
d) Dodamo sol po okusu.

7. Koruzna krema

Dobitek: 4 porcije

Sestavine

- 4 skodelice koruze
- 1 žlica masla t er
- 1 žlica mlete čebule
- 1 žlica moke
- 1 skodelica smetane
- 5 jajc
- Sol in poper

navodila:

a) V nepregorni ponvi prepražimo čebulo. Vmešajte moko, dokler se vse dobro ne poveže.
b) Vanjo stresite zamrznjeno koruzo skupaj s poljubno tekočino. Povečajte temperaturo na visoko.
c) Koruzo premešajte, dokler skoraj vsa tekočina ne izhlapi. A dodajte smetano in b olje 2-3 minute
d) V veliki posodi za mešanje zmešajte jajca, sol in poper. Počasi vmešajte mešanico koruze in čebule.
e) Okusite in po želji dodatno začinite s soljo in poprom.
f) Zmes vlijemo v pekač in pečemo približno 30 minut oziroma dokler se krema ne strdi .

8. Preprosto pečen brstični ohrovt

Dobitek: 4 porcije

Sestavine

- 4 skodelice brstičnega ohrovta , blanširanega
- ¼ lb slanine
- Ščepec svežega timijana
- Sol in poper.

navodila:

a) Slanino narežemo na majhne koščke. Slanino skuhajte v ponvi z debelim dnom, da stopi maščoba, vendar je ne pohrustajte.
b) Kalčke potresemo s slanino in koščki slanine .
c) Kalčke spečemo v pečici na 400° z nekaj vejicami svežega timijana na pladnju.
d) Kalčke prvih 5 minut pokrijemo s folijo, preostalih 5 minut pa pokrov odstranimo.
e) Kalčke solimo in popramo ter preložimo v servirno skledo.

9. Ocvrta koruza

Dobitek: 4 porcije

Sestavine

- 1 paket zamrznjene koruze
- 1 žlica masla
- 4-5 ŽLIC smetane
- Sveže nariban muškatni orešček
- Sol in poper
- $\frac{1}{4}$ čajne žličke posušenega timijana

navodila:

a) V ponvi proti sprijemanju na srednje močnem ognju raztopite maslo. Dodajte koruzo in posušen timijan ter mešajte, dokler skoraj vsa tekočina ne izhlapi.
b) Prilijemo smetano. Začinite z muškatnim oreščkom, soljo in poprom po okusu.
c) Ogenj povečamo in kuhamo še toliko časa, da je koruza povsem prekrita s smetano.

10.   Cvetača s sirovo omako

Dobitek: 2-4 porcije

Sestavine

- 1 glavica cvetače, blanširana
- 1 skodelica mleka
- 1 skodelica naribanega sira
- 1 1/2 žlice masla
- 1 čajna žlička dijonske gorčice
- 1½ žlice moke
- Sol in poper

navodila:

a) V ponvi z debelim dnom raztopite maslo. Vmešajte moko, dokler ni dobro navlažena z maslom.
b) Prilijemo mleko in ob stalnem mešanju kuhamo toliko časa, da se omaka zgosti.
c) Vmešajte sir, dokler se vse dobro ne poveže. Po okusu dodajte sol in poper.
d) Cvetačo prelijemo s sirovo omako in takoj postrežemo ali pustimo na toplem v pečici.

11. Žganje, glazirano korenje

Dobitek: 8 obrokov

Sestavine

- 2 lbs. korenje, olupljeno in narezano na kovance
- ½ skodelica rjavega sladkorja
- ½ skodelica masla
- ½ skodelica žganja Voda

navodila:

a) V ponvi stopite maslo. Vmešajte korenje in sladkor z maslom .
b) Korenje kuhamo na zmernem ognju, dokler ne začne karamelizirati.
c) Žganje segrejte , dokler ne izgori .
d) Ko vlaga izhlapi, dodajajte malo vode naenkrat, da se korenje kuha in prepreči prijemanje.
e) Kuhajte, dokler ne dosežete želene stopnje pečenosti.

12.   Dušena repa za zahvalni dan

Dobitek: 4 porcije

Sestavine

- ½ lbs. repo , olupljeno in narezano na kolesca
- 2 žlici paradižnikove paste
- 2 žlici masla
- 1 čebula, olupljena in narezana na kocke
- 1 čajna žlička posušenega timijana
- 1 korenček, olupljen in narezan na kocke
- 1 lovorjev list
- 2 stebli zelene, narezane na kocke
- Sol in poper
- 1½ skodelice jušne osnove ali vode
- 2 žlici masla, zmehčanega
- 1 T žlice moke

navodila:

a) V srednje veliki kozici raztopimo maslo. Dodamo čebulo, zeleno in korenček .

b) Kuhajte približno 5 minut. Dodajte osnovo, paradižnikovo mezgo, timijan in lovorov list mešanici repe in čebule, korenja in zelene.

c) Pecite 30 do 40 minut pokrito v pečici pri 350 °F.

d) Medtem ko se repa duši, z maslom in moko naredite prežganje.

e) Repo preložimo v servirni krožnik in jo pustimo na toplem v ponvi za dušenje.

f) V majhno ponev odcedite tekočino za dušenje. V omako dodajte koščke mešanice maslene moke in mešajte, dokler se ne zgosti.
g) Začinite s soljo in poprom ter nato z omako prelijte repo .

13. Klobasa in repa

Dobitek: 6 obrokov

Sestavine

- 1 lb klobase, narezane na 1 -palčne kose
- 2 ŽLICI olja
- 6-8 repe , blanširane
- 2 ŽLICI masla
- 1 skodelica puranje juhe
- Sol in poper

navodila:

a) Pečico segrejte na 350°F .
b) Na olju tri do štiri minute dušimo klobaso . Prenesite v enolončnico.
c) Ponev pristavimo na srednji ogenj, pri čemer odlijemo olje in maščobo. Na stopljeno maslo dodamo repo.
d) Dodamo puranje meso ter sol in poper po okusu.
e) Repo prestavimo v ponev z vrelo tekočino.
f) B repo pečemo 45 minut oziroma toliko časa, da jo lahko preluknjamo z noževo konico.

14. Gratiniran krompir

Dobitek: 6 obrokov

Sestavine
- 2 funta krompirja, olupljenega in narezanega
- 2 žlici stopljenega masla
- 1/2 čajne žličke soli
- 1/4 čajne žličke črnega popra
- 1 skodelica naribanega ostrega sira Cheddar
- 1/4 skodelice svežih krušnih drobtin

navodila:
a) Pečico segrejte na 425°F.
b) Z razpršilom za kuhanje premažite plitvo 1-1/2-litrski pekač.
c) enolončnico po plasteh naložimo narezan krompir.
d) Prelijemo s stopljenim maslom ter začinimo s soljo in poprom.
e) Okrasite s krušnimi drobtinami in naribanim čedar sirom.
f) Pokrito kuhamo 30 minut ali dokler krompir ni kuhan.

15. Kremna špinača

Dobitek: 4 porcije

Sestavine
- 2 žlici masla
- 2 žlici večnamenske moke
- 2 (10 unč) paketa zamrznjene sesekljane špinače, odmrznjene in dobro odcejene
- 1 skodelica (1/2 pinta) težke smetane
- 1/2 čajne žličke mletega muškatnega oreščka
- 1/2 čajne žličke česna v prahu
- 1/2 čajne žličke soli

navodila:

a) V veliki ponvi na srednjem ognju stopite maslo; vmešamo v moko do zlate barve.

b) Dodamo preostale sestavine, dobro premešamo in pustimo vreti 3 do 5 minut ali dokler niso dobro kuhane.

16.　　Succotash

Dobitek: 6 obrokov

Sestavine
- 2 skodelici kuhane koruze
- 2 skodelici Lima fižola , kuhanega
- ½ čajne žličke soli
- Dash poper
- 2 žlici kokosovega olja
- ½ skodelice kokosovega mleka

navodila:
a) Zmešajte koruzo in fižol, začinite s soljo in poprom.
b) Dodamo mleko in olje ter zavremo.
c) Postrezite takoj.

17.   Bruselj s panceto

Dobitek: 4 porcije

Sestavine

- 1/2-kilogramsko panceto narežemo na majhne kocke
- 2-3 žlice olivnega olja razdelimo
- 1 funt svežega brstičnega ohrovta
- 2 žlici javorjevega sirupa
- 1 žlica belega balzamičnega kisa
- Košer sol in mleti črni poper

navodila:

a) V veliki litoželezni ponvi na srednjem ognju segrejte 1 žlico oljčnega olja. Kuhajte panceto, dokler ni aromatična in ne začne hrustljati. Odcedite na krožniku, obloženem s papirnato brisačo, in odstavite.
b) Brstičnemu ohrovtu obrežite konce in jih od korena do konic prepolovite.
c) Brstični ohrovt položite s prerezano stranjo navzdol v enako plast v ponev in kuhajte 4-5 minut ali dokler ne začnejo porjaveti in karamelizirati, nato obrnite, začinite s košer soljo in črnim poprom, zmanjšajte na srednjo in pokrijte s pokrov.
d) Vrnite panceto na ponev.
e) Prelijemo s preostalo žlico oljčnega olja, javorjevega sirupa in balzamičnega kisa ter segrevamo še minuto ali dve.
f) Dodajte dodatno košer sol in mleti črni poper po okusu, nato postrezite.

18. Dušen por s parmezanom

Dobitek: 6 obrokov

Sestavine

- 6 tankih por , po dolžini prepolovljenih
- 2 žlici olivnega olja
- Košer sol
- Sveže mleti črni poper
- $\frac{1}{4}$ skodelice suhega ali polsuhega belega vina
- 3 žlice nesoljene piščančje juhe
- 1 žlica nesoljenega masla
- 3 žlice sveže naribanega parmezana

navodila:

a) Dodajte olje v veliko ponev z debelim dnom in segrevajte na zmernem ognju.
b) Ko se olje segreje, razporedite por v eno plast s prerezano stranjo navzdol.
c) Por premešajte s kleščami, dokler ne porjavi, 3-4 minute.
d) Por solimo in popramo, nato pa ga obrnemo s prerezano stranjo navzdol.
e) Primešajte vino, da ponev razgladi. Lonec napolnite s toliko piščančje juhe, da prekrije vrhove pora.
f) Zavremo, nato zmanjšamo ogenj na majhen ogenj in pokrijemo ter kuhamo 15-20 minut oziroma dokler se por ne zmehča.
g) Počasi pokapajte maslo.
h) Por položite s prerezano stranjo navzgor na krožnik in ga potresite s sirom.

19.   Pečena pesa s citrusi

Dobitek: 4 porcije

Sestavine

- 6 do 8 srednje velikih rdečih ali rumenih pes
- Ekstra deviško oljčno olje, za pokapanje
- 1 velika pomaranča za popek
- Dash Sherry kis ali balzamični kis
- Sok ½ limone ali po okusu
- Pest listov vodne kreše ali rukole ali mikrozelenja
- Morska sol in mleti črni poper
- Kozji ali feta sir
- Sesekljani orehi ali pistacije

navodila:

a) Pečico segrejte na 400 stopinj Fahrenheita.
b) Peso izdatno pokapajte z oljčnim oljem, ščepci morske soli in sveže mletim črnim poprom .
c) Peso zavijte v folijo in pecite 35 do 60 minut ali dokler ni mehka in mehka na vilice .
d) Peso vzamemo iz pečice, odstranimo folijo in jo odložimo, da se ohladi.
e) Lupine olupimo, ko so hladne na dotik. Narežite jih na 1" velike rezine ali kose.
f) Pomarančo narežite na tretjine, preostalo 1/4 rezine pa prihranite za ožemanje.
g) Peso prelijemo z oljčnim oljem in šerijevim kisom, limoninim sokom, pomarančnim sokom, iztisnjenim iz preostale rezine,

ter nekaj ščepci soli in popra. Ohladite, dokler ni pripravljen za serviranje.
h) Pred serviranjem dodajte dodatno sol in poper ali kis po okusu.
i) Pomarančne koščke, vodno krešo in kolobarje citrusov položite na krožnik.

20. Delicata buča z jabolki

Dobitek: 4 porcije

Sestavine

- 2 delikatni buči, narezani na ½-palčne kose
- ½ skodelice biserne čebule, prepolovljene
- Ekstra deviško oljčno olje, za pokapanje
- 2 žlici pepita in/ali pinjol
- 2 skodelici natrganega ohrovta lacinato , 2 do 3 listi
- 6 listov žajblja, sesekljanih
- Listi 3 vejic timijana
- 1 majhno gala jabolko, narezano na kocke
- Morska sol in sveže mlet črni poper

navodila:

a) Pečico segrejte na 425 stopinj Fahrenheita in obložite pekač s pergamentnim papirjem.
b) Bučo in čebulo na pekaču pokapajte z oljčnim oljem ter velikimi ščepci soli in popra.
c) Premešajte, da se obloži, nato pa razporedite po rjuhi, da se ne dotikajo. Pečemo 25 do 30 minut ali dokler buča ni zlato rjava z vseh strani in čebula ni mehka in karamelizirana.
d) Pepitas s ščepcem soli stresite v majhno ponev na srednje nizek ogenj in pražite približno 2 minuti, pogosto mešajte. Dati na stran. Dodajte ohrovt , žajbelj in timijan .
e) za peko zmešajte toplo pečeno bučo in čebulo, jabolka, polovico pepit in polovico preliva . Vrzi.
f) B pečemo 8 do 10 minut .

g) Prelijemo s preostalim prelivom in tik pred serviranjem obložimo s preostalimi pepitami .

21. Pire iz sladkega krompirja iz melase

Dobitek: 8 obrokov

Sestavine
- 4 s sladkega krompirja , narezanega na 1-palčne koščke
- 8 majhnih korenčkov, narezanih na 1-palčne koščke
- 4 srednje velike pastinake , narezane na 1-palčne kose
- Košer sol
- 4 žlice. nesoljeno maslo
- 1/4 skodelice kisle smetane
- 1/4 skodelice melase
- 1 žlica. drobno nariban svež ingver
- 1/2 skodelice pol in pol
- Sveže mleti črni poper

navodila:
a) Sladki krompir, korenje in pastinak dajte v veliko ponev in pokrijte z vodo.
b) Zavremo, nato zmanjšamo ogenj in kuhamo 15 do 20 minut oziroma toliko časa, da se zelenjava zmehča. Odcedite in vrnite v ponev.
c) posušite v ponvi in jo občasno pretresite, da se ne sprime .
d) Dodajte maslo, kislo smetano, melaso, ingver in pol-pol.
e) dodajte sol in poper, okusite in prilagodite začimbe.

22.   Gratinirana biserna čebula s parmezanom

Dobitek: 8 obrokov

Sestavine
- 2 lb. zamrznjene biserne čebule, odmrznjene
- 1 skodelica težke smetane
- 34-palčne vejice svežega timijana
- Košer sol in zmleta Črni poper
- 3 žlice. nesoljeno maslo, stopljeno
- 1 skodelica grobih svežih drobtin
- 1/4 skodelice naribanega Parmigiano Reggiano
- 1/2 čajne žličke posušenih listov slane, zdrobljenih

navodila:
a) Pečico segrejte na 400 stopinj Fahrenheita.
b) V veliki ponvi segrejte čebulo in vodo.
c) Ko se čebula segreje, jo premešamo in ločimo z vilicami. Zmanjšajte ogenj na srednje, pokrijte in kuhajte 5 minut, ko voda zavre. Temeljito odcedite in posušite.
d) V majhni ponvi na srednje močnem ognju zmešajte smetano, timijan in 1/2 čajne žličke soli. Smetano zavrite l. Iz kreme odstranite timijanove vejice in jih zavrzite.
e) Medtem vmešajte 1 žlico masla v plitvo 2-qt. gratin ali pekač.
f) V majhno posodo za mešanje stresite krušne drobtine, parmigiano-reggiano, okus, preostali 2 žlici stopljenega masla, 12 čajnih žličk soli in nekaj mletega popra.
g) V pekač razporedimo čebulo. Čebulo razporedimo z drobtinami in prelijemo s smetano.

h) Pečemo približno 30 minut oziroma dokler drobtine ne postanejo temno zlato rjave in smetana ob robovih močno vre.
i) Odstranite iz pečice in pred serviranjem pustite 10 minut.

23. Gratiniran sladki krompir in por

Dobitek: 6 obrokov

Sestavine

- 2 žlici. nesoljeno maslo
- 2 žlici. olivno olje
- 6 oz. panceto, narezano na 1/4-palčne kocke
- 2 velik por , narezan na 1/4 palca debelo
- 1/4 skodelice mletega česna
- 2 skodelici težke smetane
- 3 žlice. listi svežega timijana
- Košer sol in zmleta Črni poper
- 2 sladka krompirja, olupljena in narezana na kocke
- 3 rdečerjavi krompirji , olupljeni in narezani na kocke

navodila:

a) Pečico segrejte na 350 stopinj Fahrenheita.
b) V srednji ponvi na srednjem ognju segrejte maslo in olje. Kuhajte panceto do rjave barve približno 9 minut . Z žlico z režami prenesite na papirnate brisače.
c) V ponev dodamo por in česen, pokrijemo, zmanjšamo ogenj in med občasnim obračanjem kuhamo približno 5 minut oziroma dokler se por ne zmehča, a ne porjavi.
d) Dodamo smetano, zavremo, znižamo ogenj in kuhamo 5 minut .
e) Ponovno dajte panceto, timijan, 1 čajno žličko soli in popra po okusu; dati na stran.
f) Z maslom namastite 2-litrski pekač.
g) Po krompirju enakomerno razporedimo 2 žlici porove kreme.
h) Po vrhu razporedite plast sladkega krompirja, rahlo začinite, nato pa prelijte še z 2 žlicama porove kreme.

i) Nadaljujte s preostalim krompirjem, dokler ga ne porabite. Preostalo porovo kremo nakapljamo po krompirju in močno potlačimo.
j) Pecite 50 do 60 minut oziroma dokler vrh ne porjavi in krompir v sredini ni mehak, ko ga prebodete z vilicami.
k) Postrezite.

24. Pečene gobe na črnem maslu

Dobitek: 4 porcije

I sestavine :

- 1 funt gob (buton, cremini ali druge),
- 1 žlica olja
- sol in poper po okusu
- 1/4 skodelice masla
- 2 stroka česna, sesekljan
- 1 čajna žlička timijana, sesekljanega
- 1 žlica limoninega soka
- sol in poper po okusu

navodila:

a) Gobe prelijemo z oljem, soljo in poprom, nato jih razporedimo po pekaču v eni plasti in pražimo 20 minut oziroma dokler ne začnejo karamelizirati, na polovici premešamo.

b) V srednji ponvi raztopite maslo, dokler ne postane slastne lešnikovo rjave barve, nato odstavite z ognja in vmešajte česen, timijan in limonin sok.

c) V veliki posodi za mešanje premešajte pražene gobe s prepraženim maslom in po okusu začinite s soljo in poprom!

25.   Polpeti iz rdeče leče

Za paradižnikovo omako:

- 1 14-unčna pločevinka sesekljanih paradižnikov.
- Kanček agavinega sirupa.
- 1 žlica olja.
- 1 čajna žlička rdečega, belega vina.
- provence zelišča in paprika v prahu po okusu.

Za polpete iz leče:
- 1 skodelica suhe rdeče leče.
- 1 1/2 skodelice, plus 3 žlice vode.
- 1 čajna žlička zelenjavne juhe v prahu.
- 1 čajna žlička kurkume.
- 1 čebula, narezana na kocke.
- 1 strok česna, stisnjen.
- 1/2 čajne žličke kumine.
- 1 laneno jajce.
- 2 žlici peteršilja.
- Sol in poper po okusu.
- Olje, po potrebi.

navodila:
a) Dodajte vse aktivne sestavine v lonec in zavrite. Zmanjšajte toploto in kuhajte približno 30 minut, občasno premešajte. Znebite se vročine.
b) Za pripravo polpetov iz leče: V loncu zmešajte lečo, vodo, zelenjavno juho in kurkumo ter zavrite. Če je nujno), zmanjšajte ogenj in kuhajte, dokler se leča ne zmehča in voda ne vpije (vključite več vode. Občasno premešajte).
c) Po drugi strani pa v ponvi prepražimo čebulo.

d) Pečico segrejte na 390° F. Pekač obložite s peki papirjem in namažite z oljem.
e) V skledi zmešajte lečo, čebulo, česen, kumino, laneno jajce, peteršilj, sol in poper. Dobro premešamo in pustimo, da se nekoliko ohladi.
f) Roke navlažimo z vodo, oblikujemo lečino polpeto in položimo na peki papir. Premažite z malo olja.
g) Rdečo lečo pečemo približno 20-25 minut in postrežemo s paradižnikovo omako.

26. Pesto iz rukole in bučke

Sestavine:

- 2 rezini rženega toasta
- 1/2 avokada.
- 1/2 velike bučke.
- Šopek vodne kreše.
- 1 strok česna.

Za pesto iz rukole:

- 2 veliki pesti rukole.
- 1 skodelica pinjol (ali katerega koli oreha).
- 1 velika pest špinače.
- Sok 1 limete.
- 1 čajna žlička morske soli.
- 3 žlice oljčnega olja.

navodila:

a) Začnite s pripravo pesta iz rukole, tako da vse sestavine daste v mlinček in stepate, dokler pesto ne postane žameten in gladek.

b) Bučke podušimo tako, da jih najprej narežemo na zelo tanke vodoravne kose. V majhni ponvi na srednjem ognju segrejte grobo narezan strok česna, olivno olje, potresite z morsko soljo in nekaj brizgov vode.

c) Če se bučke med kuhanjem začnejo sušiti, dodajte bučke in jih dušite 7 minut – počasi dodajte vodo.

d) Popečemo kruh, nato po toastu razporedimo pesto, dodamo bučke in narezan avokado ter prelijemo z vodno krešo!

27. Vegetarijanska enolončnica

Sestavine:

- 1 žlica oljčnega ali repičnega olja.
- 1 čebula, previdno narezana.
- 3 stroki česna, narezani.
- 1 čajna žlička prekajene paprike.
- 1/2 čajne žličke mlete kumine.
- 1 žlica posušenega timijana.
- 3 srednje velike korenčke, narezane na rezine.
- 2 srednji palčki zelene, drobno narezani
- 1 rdeča paprika, narezana.
- 1 rumena paprika, narezana.
- 2 x 400 g pločevinke paradižnika ali češnjevega pelata.
- 1 zelenjavna jušna kocka do 250 ml
- 2 bučki , narezani na debelo
- 2 vejici svežega timijana.
- 250 g kuhane leče.

navodila:

a) Toplota 1 žlica olivnega ali oljne ogrščice v veliki posodi s premočno osnovo. Dodajte 1 drobno narezano čebulo in rahlo kuhajte 5-10 minut , dokler se ne zmehča.

b) Vključite 3 narezane stroke česna, 1 čajno žličko dimljene paprike, 1/2 čajne žličke mlete kumine, 1 žlico posušenega timijana, 3 narezana korenja, 2 drobno narezani palčki zelene, 1 nasekljano rdečo papriko in 1 nasekljano rumeno papriko ter kuhajte 5 minut.

c) Dodajte dva 400 g kozarca paradižnika, 250 ml zelenjavne jušne osnove (iz 1 lonca), 2 na debelo narezani bučki in 2 vejici mladega timijana ter kuhajte 20 - 25 minut.

d) Izvlecite timijanove vejice. Vmešajte 250 g kuhane leče in jo vrnite v enolončnico. Podarite z divjim in belim basmati rižem, bučo ali kvinojo.

28. Pečen brstični ohrovt

Sestavine:

- 1 lb brstičnega ohrovta, narezanega na pol.
- 1 šalotka, sesekljana.
- 1 žlica oljčnega olja.
- Sol in poper po okusu.
- 2 žlički balzamičnega kisa.
- 1/4 skodelice semen granatnega jabolka.
- 1/4 skodelice kozjega sira, zdrobljenega.

navodila:

a) Pečico segrejte na 400° F. Brstični ohrovt premažite z oljem. Potresemo s soljo in poprom.

b) Prestavimo v pekač. Pečemo v pečici 20 minut.

c) Pokapljamo s kisom.

d) Pred serviranjem potresemo s semeni in sirom.

29.   Kvinoja na ponvi

Sestavine:

- 1 skodelica sladkega krompirja, narezanega na kocke.
- 1/2 skodelice vode.
- 1 žlica oljčnega olja.
- 1 čebula, sesekljana.
- 3 stroki česna, sesekljani.
- 1 čajna žlička mlete kumine.
- 1 čajna žlička mletega koriandra.
- 1/2 čajne žličke čilija v prahu.
- 1/2 čajne žličke posušenega origana.
- 15 oz. črni fižol, oplaknjen in odcejen.
- 15 oz. pečen paradižnik.
- 1 1/4 skodelice zelenjavne juhe.
- 1 skodelica zamrznjene koruze 1 skodelica kvinoje (nekuhane).
- Sol po okusu.
- 1/2 skodelice rahle kisle smetane.
- 1/2 skodelice svežih listov cilantra.

navodila:

a) Dodajte vodo in sladki krompir v ponev na srednji vročini. Zavremo.

b) Zmanjšajte ogenj in kuhajte, dokler se sladki krompir ne zmehča.

c) Dodajte olje in čebulo.

d) Kuhajte 3 minute. Vmešajte česen in začimbe ter kuhajte 1 minuto.

e) Dodajte preostale sestavine razen kisle smetane in cilantra. Kuhajte 20 minut.

f) Postrezite s kislo smetano in pred serviranjem potresite s cilantrom.

30. Lepljivi tofu z rezanci

Sestavine:

- 1/2 velike kumare.
- 100 ml riževega rdečega vinskega kisa.
- 2 žlici zlatega železa sladkorja.
- 100 ml rastlinskega olja.
- 200 g pakiranega tofuja podjetja, narezanega na 3 cm velike kocke.
- 2 žlici javorjevega sirupa.
- 4 žlice rjave ali bele miso paste.
- 30 g belega sezama.
- 250 g posušenih soba rezancev.
- 2 mladi čebuli, narezani, za serviranje.

navodila:

a) Kumari z lupilcem odrežite tanke trakove in pustite semena. Trakove dajte v skledo in odložite. Kis, sladkor, 1/4 čajne žličke soli in 100 ml vode v ponvi na zmernem ognju rahlo segrevajte 3-5 minut, dokler se sladkor ne utekočini, nato prelijte kumare in pustite, da se kisajo v hladilniku, medtem ko pripravljate tofu. .

b) V veliki ponvi proti prijemanju segrejte vse razen 1 žlice olja na srednjem ognju, dokler se na površje ne začnejo dvigovati mehurčki. Dodamo tofu in pražimo 7-10 minut .

c) V majhni skledi zmešajte med in miso. Sezamova semena razporedite po krožniku. Ocvrt tofu premažite z lepljivo medeno omako in ostanke odložite. Tofu enakomerno obložimo s semeni, potresemo z malo soli in pustimo na toplem.

d) Pripravite rezance in jih prelijte s preostankom olja, preostalo omako in 1 žlico tekočine za vlaganje kumar. Kuhajte 3 minute, dokler se ne segreje.

31. Kalčki s stročjim fižolom

Sestavine:

- 600 g brstičnega ohrovta narežemo na četrtine.
- 600 g stročjega fižola.
- 1 žlica oljčnega olja.
- Lupina in sok 1 limone.
- 4 žlice praženih pinjol.

navodila:

a) Kuhamo nekaj sekund, nato dodamo zelenjavo in med mešanjem pražimo 3-4 minute , da se kalčki malo obarvajo.

b) Dodajte kanček limoninega soka ter sol in poper po okusu.

32. Popečen tofu z redkvico

Sestavine:

- 200 g trdega tofuja.
- 2 žlici sezamovih semen.
- 1 žlica japonskega šičimija togarashi.

Mešanica začimb.

- 1/2 žlice koruzne moke.
- 1 žlica sezamovega olja.
- 1 žlica rastlinskega olja.
- 200 g nežnega brokolija.
- 100 g sladkornega graha.
- 4 redkvice, zelo drobno narezane.
- 2 mladi čebuli, previdno narezani.
- 3 kumkvati, zelo drobno narezani.

Za preliv

- 2 žlici japonske sojine omake z nizko vsebnostjo soli.
- 2 žlici soka yuzu (ali po 1 žlici soka limete in grenivke).
- 1 čajna žlička zlatega sladkorja.
- 1 majhna šalotka, na drobno narezana.

- 1 čajna žlička naribanega ingverja.

navodila:

a) Tofu razpolovite, dobro pokrijte s kuhinjskim papirjem in položite na krožnik. Na vrh postavite težko ponev, da iz nje iztisnete vodo. Nekajkrat spremenite papir, dokler tofu ni suh, nato ga narežite na debele kose. V skledi zmešajte sezamovo seme, mešanico japonskih začimb in koruzno moko. Razpršite po tofuju, dokler ni dobro razporejen. Dati na stran.

b) V majhni skledi zmešajte sestavine za preliv. Zavremo ponev z vodo za zelenjavo in v veliki ponvi segrejemo obe olji.

c) Ko je ponev zelo vroča, dodamo tofu in pražimo približno 1 minuto na vsaki strani, da lepo porjavi.

d) Ko voda zavre, 2-3 minute kuhajte brokoli in sladkorni grah.

33.   Galeta iz maslene buče

Sestavine:

- 1 1/2 skodelice pirine moke.
- 6-8 listov žajblja.
- 1/4 skodelice hladne vode.
- 6 žlic kokosovega olja.
- Morska sol.

Za nadev:

- 1 žlica oljčnega olja.
- 1/4 rdeče čebule, narezane na tanke rezine.
- 1 žlica listov žajblja.
- 1/2 rdečega jabolka, zelo drobno narezanega.
- 1/4 maslene buče, ki ji je bila odstranjena koža in zelo drobno narezana.
- 1 žlica kokosovega olja, razdeljena in rezervirana za preliv.
- 2 žlici žajblja, rezervirani za preliv.
- Morska sol.

navodila:

a) Pečico segrejte na 350° F.

b) Naredite skorjo tako, da v mlinček dodate moko, morsko sol in liste žajblja. Postopoma dodajte kokosovo olje in vodo ter redno utripajte, ko se to nežno vmeša v moko. Utripajte le toliko, dokler se komponente ne povežejo skupaj, približno 30 sekund.

c) Vmes naredimo nadev. V majhni ponvi na srednje močnem ognju segrejte olivno olje. Vključite čebulo, ščepec soli, eno čajno žličko listov žajblja in pražite približno 5 minut. To postavite na stran, ko razvaljate testo v krog, debel približno 1/4 palca.

d) Bučo in jabolka zmešajte v majhni skledi s kapljico oljčnega olja in morske soli. Na vrh čebule dodajte masleno bučo in rezine jabolka (preprosto tako, kot vidite na sliki).

e) Robove skorje nežno zapognite na vrh zunanjih stranic buče. Na vrh galette dodajte majhne koščke kokosovega olja, skupaj z listi žajblja in pecite v pečici 20-25 minut ali dokler se skorja ne lušči in buča ni pečena.

34. Kvinoja s curry pasto

Sestavine

- 2 žlici stebla svežega cilantra.
- 2 majhni pesti svežih listov cilantra .
- 6 strokov česna.
- 1 žlica koriandra v prahu.
- 1/2 žlice kumine v prahu.
- 1-palčni košček ingverja (brez lupine).
- Sok 1 limete.
- 1 steblo limonske trave
- 1/2 skodelice šalotke ali bele čebule.
- 1 čajna žlička čilijevih kosmičev.
- Morska sol.
- zeleni curry

navodila:

a) Začnite s pripravo karijeve paste, tako da vse preprosto zmešate v mlinčku za hrano, dokler se dobro ne zmeša in zdrobi v pasto.

b) Zdaj pa kari - na srednji/močni vročini segrevajte kokosovo olje in čebulo 5 minut. Vključite vso zelenjavo, kokosov sladkor, karijevo pasto in 1/4 skodelice vode ter pustite, da pokrito vre približno 10 minut.

c) Vodo dodajajte postopoma, da se zelenjava ne zažge. Takoj ko se zelenjava skuha, dodajte kokosovo mleko in 1 skodelico vode ter kuhajte še 10 minut, dokler ni zelenjava popolnoma kuhana. Vmešajte svež limetin sok, dodatne liste cilantra in prelijte z rjavim rižem ali kvinojo!

35. Pečena dimljena korenčkova slanina

Sestavine:

- 3 velike korenčke.

- 2 žlici repičnega olja.

- 1 čajna žlička česna v prahu.

- 1 čajna žlička prekajene paprike.

- 1 čajna žlička soli.

navodila:

a) Korenček operemo (olupiti ga ni treba) in ga po dolžini razkosamo z mandolino. Trakove korenja položite na pekač, obložen s peki papirjem. Pečico segrejte na 320 ° F. Preostale komponente zmešajte v majhni skledi in nato na obeh straneh s čopičem namažite trakove korenja.

b) Damo v pečico za 15 minut oziroma ko so trakovi korenčka valoviti.

36.   Losos nad špageti squash

Sestavine:

- ½ čajne žličke petih začimb v prahu
- 1 čajna žlička naribane pomarančne lupinice
- ½ čajne žličke sladkorja
- ¼ čajne žličke košer soli
- ½ čajne žličke sveže mletega črnega popra
- Dva 6-unčna fileja lososa
- 2 žlički dijonske gorčice
- 1 žlica arašidovega olja
- 2 skodelici pečenih špagetov squash
- 2 žlici mletega svežega cilantra

navodila:

a) V majhni skledi zmešajte pet začimb v prahu s pomarančno lupinico, sladkorjem, soljo in poprom. Vtrite v obe strani filejev na voščenem papirju. Filete s čopičem namažite z gorčico.

b) Veliko ponev segrejte na srednje močnem ognju, nato pa dno premažite z oljem. Cvremo fileje, tako da jih samo enkrat obrnemo, dokler ne postanejo hrustljavi in rjavi na zunanji strani, skupaj 5 do 8 minut.

c) Medtem razdelite bučo na dva segreta jedilna krožnika. Na vrh položite ribje fileje in okrasite s cilantrom.

37. Squash Carbonara
(Skupni čas : 25 MIN | **Postrežba** : 3)

Sestavine:

- 1 paket rezancev konjac jam (shirataki)
- 2 rumenjaka
- 3 žlice bučnega pireja
- 1/3 skodelice parmezana, naribanega
- ½ skodelice težke smetane
- 2 žlici organskega masla
- 4 kosi pancete
- ½ čajne žličke posušenega žajblja
- Sol in poper po okusu

navodila:

a) Zavremo vodo in vanjo za 3 minute namočimo rezance. Precedimo in odstavimo.

b) Panceto popečemo na vroči ponvi in nasekljamo. Maščobo iz pancete pridržimo

c) Precejene rezance položimo na ponev, kuhano za panceto, in jih kuhamo 5 minut. Dati na stran.

d) V drugi ponvi (veliki) stopite maslo na srednjem ognju in pustite, da porjavi. Dodamo bučni pire in začinimo z žajbljem.

e) V ponev vlijemo smetano, dodamo maščobo iz pancete in dobro premešamo.

f) Nazadnje v omako dodamo še parmezan in dobro premešamo. Ogenj zmanjšamo na nizko in mešamo, dokler se omaka ne zgosti.

g) Rezance preložimo v ponev z omako, razbijemo jajca in zmešamo vse sestavine.

38. Pečena paradižnikova omaka

Sestavine:

- 10 paradižnikov
- Šopek sveže bazilike
- Česen, čebulica
- Olivno olje
- Sol in poper

navodila:

a) Pečico segrejte na 375 F.

b) 10 paradižnikov vzdolžno prerežite na pol

c) Dodamo šopek sveže bazilike.

d) Celo čebulo česna prerežemo po sredini in vsako polovico položimo z licem navzgor v pekač.

e) Paradižnike potopimo v oljčno olje ter jih posolimo in popopramo.

f) Pečemo v pečici približno 1 uro, nato pa pečico izklopimo še 30 minut in pustimo stati v topli pečici.

g) Odstranite paradižnike in pustite, da se ohladijo.

h) Ne mešajte, saj želite iz lupine iztisniti meso in pečke in lupino zavrzite, česen stisnite iz strokov, ovoje pa zavrzite.

i) Pretlačimo z vilicami.

39. Ratatouille

Sestavine:

- 2 veliki brinjali
- 1 velika čebula
- 2 papriki (lahko zelena, rdeča in rumena)
- 2 pločevinki narezanih paradižnikov
- 1 zavitek kostnih mozgov
- 1 kos gob
- 1 paket špinače
- 2 $\frac{1}{4}$ skodelice piščančje juhe
- Sol in poper
- 2 stroka česna (drobno sesekljan ali stisnjen)

navodila:

a) Vse sestavine drobno sesekljajte.

b) Dodajte vso drobno sesekljano zelenjavo, česen in čebulo v jušno osnovo in kuhajte na srednjem ognju, dokler voda ne zmanjka in zelenjava ne oblikuje gosto okusno enolončnico.

c) Postrezite s 150 g krhke skute, 30 g čedarja ali 6 žlicami parmezana

40. Peka iz cvetače

Sestavine:

- 4 rezine slanine
- 2 skodelici brokolija
- 2 skodelici cvetače
- 2 skodelici gob
- 1 zelena paprika
- 1 čebula
- 1 skodelica smetane
- 3 žlice naribanega sira
- 2 žlici olivnega olja

navodila:

a) Pečico segrejte na 360 F.

b) Cvetačo in brokoli kuhajte na pari ali jih skuhajte, dokler se ne zmehčata, nato pa jih preložite v pekač.

c) Na 2 žlicah olivnega olja prepražite rezine slanine z gobami, zeleno papriko in čebulo.

d) Na cvetačo stresemo popraženo slanino in gobe.

e) V skledi stepemo 4 jajca s smetano in po okusu začinimo ter prelijemo čez cvetačo ali brokoli.

f) Postavite v pečico, da se peče 25 minut. Vzamemo iz pečice in potresemo z naribanim sirom.

g) Postavite nazaj v pečico in pecite še 5 minut.

41. Caulicake

Sestavine:

- 1,3 lbs. cvetovi cvetače
- 1 čebula, sesekljana
- 3 stroki česna, drobno sesekljani
- 1 čajna žlička kurkume
- 1 skodelica parmezana, drobno naribanega
- 1 skodelica zrelega belega cheddar sira, grobo naribanega
- 8 jajc
- 1-2 čajni žlički soli
- 2 žlici psyllium lupine
- 1 skodelica smetane
- 1 žlica kokosovega olja
- sezamovo seme
- Olivno olje

navodila:

a) Pečico segrejte na 360 F.

b) Cvetačo poparite. Polovico ohranite cele, preostanek pa pretlačite.

c) Na kokosovem olju prepražimo čebulo, česen, kurkumo do mehkega. Dati na stran.

d) V ločeni skledi stepemo jajca. Dodajte smetano, sir, sol in lupino psiliuma.

e) V skledi zmešajte celo in pretlačeno cvetačo s praženo čebulo in jajčno mešanico.

f) Vzmeten pekač obložimo z namaščenim peki papirjem in potresemo s sezamom. Pekač položimo na pekač.

g) Vlijemo mešanico cvetače in pečemo v pečici 40 minut.

h) Takoj, ko pride iz pečice, površino rahlo prebodemo z vilicami in pokapamo z oljčnim oljem.

42. Začinjeni ohrovt "Mesne kroglice"

Postrežemo: 8

Sestavine:

- 4 žlice oljčnega olja
- 1 skodelica mandljeve moke
- 1 šop ohrovtovih listov
- 1 zeleni čili, sesekljan
- 1/4 čajne žličke rdečega čilija v prahu
- 1/4 čajne žličke kurkume v prahu
- 1 čajna žlička kuminih semen v prahu
- 1/4 čajne žličke mletega ingverja
- Črna sol ali sol po okusu
- 1 žlička jedilne sode ali sode bikarbone (neobvezno)
- Voda za testo

navodila:

a) V skledi zmešamo vse sestavine.

b) Združite in s prstom pregnetite testo. Konzistenca ne sme biti pregosta in ne preredka. Naredite ohrovtove "mesne kroglice".

c) V ponvi segrejemo olje. Na vroče olje eno za drugo polagamo ohrovtove "mesne kroglice".

d) Cvrete po nekaj naenkrat, ne nabirajte jih preveč. Ko z ene strani dobijo zlato barvo, jih obrnemo in popečemo še na drugi strani.

e) Pomfri odstranite z žlico z režami in položite na vpojne serviete.

f) Postrezite toplo.

43. Buča Carbonara

Postrežba : 4

Sestavine:

- 5 oz. Panceta
- ¼ skodelice težke smetane
- 2 žlici masla
- ½ čajne žličke posušenega žajblja
- Črni poper
- 1 zavitek Shirataki rezancev
- 2 rumenjaka
- 1/3 skodelice parmezana
- 3 žlice bučnega pireja
- Sol

navodila:

a) Zavrite lonec vode in dodajte rezance, kuhajte 3 minute in nato odcedite. Popolnoma posušite in odložite, dokler ni potrebno.

b) Panceto sesekljamo, segrejemo ponev in skuhamo panceto, da hrustljavo zapeče. Prihranite olje in panceto odstavite, dokler je ne potrebujete.

c) Manjši lonec segrejemo in dodamo maslo, kuhamo, dokler ne porjavi, dodamo pire in žajbelj.

d) Dodamo panceto, maščobo in smetano, mešamo, da se dobro povežejo.

e) Na močnem ognju segrejemo ponev, ki smo jo imeli v maščobi, in 5 minut med mešanjem pražimo rezance.

f) Bučni mešanici dodajte sir, premešajte in zmanjšajte toploto; kuhamo, dokler omaka ne postane gosta.

g) V omako dodamo panceto in rezance, premešamo, dodamo rumenjake in premešamo; kuhamo 3 minute.

h) Postrezite.

44. Italijanska klobasa v enem loncu

Postrežba : 2

Sestavine:

- 1 žlica čebule
- ¼ skodelice parmezana
- ½ čajne žličke origana
- ¼ čajne žličke soli
- 3 povezave za klobase
- 4 oz. Gobe
- ¼ skodelice sira Mozzarella (nastrganega)
- ½ čajne žličke bazilike
- ¼ čajne žličke kosmičev rdeče paprike

navodila:

a) Pečico nastavite na 350 F.

b) Litoželezno ponev segrejte, dokler se ne začne kaditi, nato dodajte klobase in kuhajte skoraj do konca.

c) Narežite čebulo in gobe ter odstranite klobase iz lonca in dodajte narezano zelenjavo ter kuhajte 3 minute do zlate barve.

d) Klobase narežemo in jih skupaj z začimbami dodamo v ponev. Dodajte parmezan in premešajte, da se združi.

e) Postavite ponev v pečico in kuhajte 10 minut, nato na vrh položite mocarelo in kuhajte, dokler se sir ne stopi.

f) Postrezite.

45. Solata iz brokolija

Sestavine:

- 1 skodelica brokolija
- 2 srednji stebli zelene
- 1/2 skodelice koščkov gob (ocvrtih)
- 1/4 skodelice češnjevih paradižnikov
- 1 žlica oljčnega olja
- 2 skodelici zelene solate
- 1 žlica balzamičnega kisa
- ½ skodelice bučnih semen, posušenih v ponvi

navodila:

a) Vse sestavine dajte v skledo, premešajte in uživajte.

46. Slanina s sirasto cvetačno kašo

Sestavine:

- 4 skodelice narezanih cvetov cvetače
- 3 žlice težke smetane
- ¼ čajne žličke česna v prahu
- Sol in poper po okusu
- 4 trakci slanine, kuhani in narezani
- 1 skodelica cheddar sira, naribanega

navodila:

a) V skledi, primerni za pečico, zmešajte sesekljane cvetove cvetače, smetano, maslo in začinite s česnom v prahu, soljo in poprom.
b) Skledo postavite v mikrovalovno pečico in kuhajte na visoki temperaturi 20 minut ali dokler se cvetača ne zmehča.
c) Kuhano cvetačo stresemo v multipraktik in ji dodamo slanino in čedar sir.
d) Utripajte, dokler ne dosežete gladke konsistence.
e) Postrezite s kančkom masla na vrhu.

47. Hrustljavo pečen tofu in solata Bok Choy

Postrežba : 3

Sestavine:

Za tofu:

- 1 žlica sojine omake
- 1 žlica vode
- 1 žlica riževega vinskega kisa
- 15 oz. zelo čvrst tofu
- 1 žlica sezamovega olja
- 2 žlički česna
- $\frac{1}{2}$ limoninega soka

Za solato:

- 1 zelena čebula
- 3 žlice kokosovega olja
- 1 žlica sambal oelek
- $\frac{1}{2}$ limetinega soka
- 9 oz. Bok Choy
- 2 žlici cilantra, sesekljanega

- 2 žlici sojine omake
- 1 žlica arašidovega masla
- 7 kapljic tekočine stevije

navodila:

a) Tofu zavijte v čisto krpo in pritisnite 6 ur, dokler se ne posuši.

b) V skledi zmešajte sojino omako, vodo, kis, limonin sok, sezamovo olje in česen ter tofu narežite na kocke. Dodajte v marinado, pokrijte s plastiko in pustite 30 minut ali čez noč, če je mogoče.

c) Pečico nastavite na 350 F. S pergamentnim papirjem obložite pekač in nanj položite mariniran tofu. Pečemo 35 minut.

d) Pripravite preliv za solato tako, da zmešate vse sestavine razen bok choya. Bok choy drobno nasekljajte in prelijte s prelivom.

e) Bok choy obložite s pečenim tofujem in postrezite.

48. Kremna špinača

Sestavine:

- 2 skodelici špinače
- ½ majhne čebule, sesekljane
- ¼ skodelice vode
- 1/2 jušne kocke
- 1 strok česna, sesekljan
- ¼ skodelice težke smetane
- 2 žlici masla
- Sol in poper po okusu
- Sir (neobvezno)

navodila:

a) Špinačo in čebulo damo v ponev z vodo in segrevamo na srednje močnem ognju.

b) Dodajte jušno kocko in česen ter pustite kuhati na pari 8-10 minut ali dokler vsa voda ne izhlapi in špinača ni zelo mehka.

c) Prilijemo smetano in maslo ter začinimo s soljo in poprom. Kuhamo dokler se ne zgosti.

d) Z ročnim mešalnikom stepamo špinačo, da postane gladka.

e) Postrezite vroče

49. Cheesy Zoodles s svežo baziliko

Postrežba : 3

Sestavine:

- 2 skodelici bučkinih rezancev (zoodles)
- 2 žlici sveže sesekljane bazilike
- 1/4 skodelice sira pecorino Romano, naribanega
- 1/4 skodelice sira Grana Padano, naribanega
- 3 žlice soljenega masla
- 3 stroke pretlačenega česna
- 1 čajna žlička rdeče paprike
- 1 žlica sesekljane rdeče paprike
- 1 žlica kokosovega olja
- Sol in sveže mlet poper po okusu

navodila:

a) V ponvi na zmernem ognju stopimo maslo in kokosovo olje. Dodamo česen, sesekljano rdečo papriko in kosmiče rdeče paprike. Pražite samo 1 minuto.
b) Dodajte zoodle in pustite kuhati 1-2 minuti. Ugasnite ogenj in potresite s svežo baziliko. Rahlo premešajte.
c) Dodajte sir Pecorino Romano in premešajte.

d) Na koncu po vrhu potresemo z naribanim sirom Grana Padano.
e) Postrezite takoj.

50. Vegi burger polpeti

Sestavine:

- 2 skodelici brstičnega ohrovta
- 3 bio jajca
- 1 skodelica naribanega parmezana
- 1 ½ kozjega sira
- ½ skodelice zelene čebule, sesekljane
- 1/3 skodelice mandljeve moke
- 1 skodelica parmezana
- 1 ½ kozjega sira
- Sol in poper po okusu

navodila:

a) Brstični ohrovt temeljito operemo in damo v kuhinjski robot, da ga natrgamo na koščke.
b) Brstični ohrovt prestavimo v skledo in vanjo dodamo parmezan in mandljevo moko. Začinimo s soljo in poprom.
c) V drugi posodi stepemo jajca in jih prelijemo z mešanico brstičnega ohrovta. Dobro premešajte z rokami.
d) Ustvarite burger polpete, približno 4 oz. vsakega in nato cvremo v pomaščeni litoželezni ponvi približno 2 minuti na vsaki strani ali dokler ne postanejo hrustljavi.

51. Začinjena cvetača s sujuk klobasami

Sestavine:

- 4 skodelice zamrznjene cvetače
- 8 oz. Sudžuk klobase narezane (ali rdeče pastrami)
- 1 zelena paprika, sesekljana
- 1 čajna žlička začimbe Cajun
- 1/2 čebule, sesekljane
- 2 žlici mletega česna
- 2 žlici olivnega olja

navodila:

a) V ponvi na olivnem olju 2-3 minute pražimo čebulo.

b) Iz sesekljane cvetače iztisnemo tekočino in jo dodamo v ponev. Cvetačo s čebulo pražimo 5-10 minut.

c) Dodajte začimbo Cajun in premešajte. Dodajte narezane sujuk klobase ali pastrami in zeleno papriko.

d) Premešajte in kuhajte približno 5 minut. Prenesite na krožnike. Postrezite.

52. Balzamični brstični ohrovt in Bacon

Obroki: 4

Sestavine :

- ¾ do 1 lb brstičnega ohrovta
- 1 čajna žlička olivnega olja
- 1 čajna žlička balzamičnega kisa
- 2 rezini slanine, brez nitratov
- 1 ščepec soli in popra po okusu

navodila :

a) Brstični ohrovt najprej operemo in narežemo. Odrežite trd konec stebla in odstranite vse poškodovane liste. Posušite jih.

b) Cvrtnik predgrejte na 380°F. 3 minute

c) V srednje veliki skledi prelijemo olje in balzamični kis.

d) Rezine slanine narežite na palčne kose. Kalčke dodajte v košarico cvrtnika in na vrh položite koščke slanine.

e) Cvremo na zraku 16-18 minut, pri čemer košaro med časom pečenja vsaj enkrat stresemo.

f) Pečenost preverite z vilicami in po potrebi dodajte še minuto ali dve.

53. Česen Parmezan Pražene redkvice

izkoristek: 2 SORCIJI

Sestavine :

- 12 oz. vrečko Redkvice, obrezane in razpolovljene
- 1 žlica (16 g) olivnega olja, razdeljeno
- 1 strok česna, zdrobljen
- Ščepec košer soli
- 2 žlici naribanega parmezana
- 1/4 čajne žličke rdeče paprike in kosmičev peteršilja

navodila :

a) Redkvice prerežite na pol (vse velike redkvice na četrtine) in premešajte z 1/2 žlice (8 g) olivnega olja. Redkvice dodajte v košarico cvrtnika in kuhajte 8 minut pri 400°F.

b) V isto skledo dodajte preostale 1/2 žlice olivnega olja, strt česen, sol, rdečo papriko in peteršiljeve kosmiče. Vse skupaj premešamo.

c) Po 8 minutah v cvrtniku dodajte redkvice nazaj v skledo z mešanico oljčnega olja in premešajte, da se enakomerno prekrijejo. Dodamo nariban parmezan in vse skupaj mešamo toliko časa, da so redkvice enakomerno obložene s parmezanom.

d) Redkvice postavite nazaj v košaro cvrtnika in jih kuhajte dodatnih 68 minut pri 400°F, dokler ne postanejo hrustljavo zlato rjave barve.

54. Cvrtnik cvetača

Obroki: 4

Sestavine :

- 3/4 žlice pekoče omake, izberite blago omako, če ne marate pekoče
- 1 žlica avokadovega olja
- Sol po okusu
- 1 srednja glavica cvetače, narezana na koščke, oprana in popolnoma osušena

navodila :
a) Predgrejte cvrtnik na 400 F / 200 C
b) V veliki skledi zmešajte pekočo omako, mandljevo moko, avokadovo olje in sol.
c) Dodajte cvetačo in mešajte, dokler ni prekrita.
d) V cvrtnik dodamo polovico cvetače in prepražimo .
e) Odprite cvrtnik in 23-krat stresite košaro za cvrtje, da se cvetača obrne. Odstranite in postavite na stran.
f) Dodajte drugo količino, vendar jo kuhajte 23 minut manj .
g) Postrezite toplo z dodatno pekočo omako za pomakanje.

55. Jicama krompirček

Porcije 4

Sestavine :

- 8 skodelic Jicama (olupljene, narezane na tanke vžigalice, debele 1/4 palca in dolge 3 palca)
- 2 žlici olivnega olja
- 1/2 čajne žličke česna v prahu
- 1 čajna žlička kumine
- 1 čajna žlička morske soli
- 1/4 čajne žličke črnega popra
- 1/2 skodelice sira Cheddar (nastrganega)
- 1/4 skodelice zelene čebule (sesekljane)

navodila :
a) Na štedilniku zavremo velik lonec vode. Dodajte krompirček jicama in kuhajte 12 do 15 minut, dokler ne postane več hrustljav.

b) Ko jicama niso več hrustljave, jih odstranite in posušite.

c) Pečico za cvrtnik nastavite na 400 stopinj in pustite, da se predgreje 2 do 3 minute. Namastite stojala za cvrtnik ali košaro, ki jo boste uporabljali.

d) Pomfrit dajte v veliko skledo skupaj z oljčnim oljem, česnom v prahu, kumino in morsko soljo. Premešajte na plašč.

56. Zelenjavni ražnjiči

Obroki: 6

Sestavine :

- 1 skodelica (75 g) gob
- 1 skodelica (200 g) grozdnih paradižnikov
- 1 manjša bučka narezana na kocke
- 1/2 čajne žličke mlete kumine
- 1/2 narezane paprike
- 1 manjša čebula narezana na koščke (ali 34 majhnih šalotk, prepolovljenih)
- Sol po okusu

navodila :
a) Nabodala pred uporabo vsaj 10 minut namočite v vodi .

b) Predgrejte cvrtnik na 390 F / 198 C.

c) Zelenjavo nataknite na nabodala.

d) Nabodala postavite v cvrtnik in pazite, da se ne dotikajo. Če je košara cvrtnika majhna, boste morda morali odrezati konce nabodal, da se prilegajo.

e) Kuhajte 10 minut , na polovici časa kuhanja obrnite. Ker se temperature cvrtnika lahko razlikujejo, začnite s krajšim časom in nato po potrebi dodajte več.

f) Zelenjavne ražnjiče preložimo na krožnik in postrežemo.

57. Špageti Squash

Služi: 2

Sestavine :

- 1 (2 lbs.) špageti squash
- 1 skodelica vode
- Cilantro za postrežbo
- 2 žlici svežega cilantra za okras (neobvezno) Navodila

navodila :
a) Bučo prerežite na pol. Odstranite semena iz njegovega središča.
b) V vložek instant lonca nalijte skodelico vode in vanj postavite podstavek.
c) Obe polovici buče razporedite po podstavku s kožo navzdol.
d) Pritrdite pokrov in izberite »Ročno« z visokim pritiskom za 20 minut.
e) Po pisku naredite Natural sprostitev in odstranite pokrov.
f) Odstranite bučo in jo z dvema vilicama razrežite od znotraj.
g) Po potrebi postrezite s pikantnim svinjskim nadevom.

58. Brstični ohrovt z javorjem

Služi: 4

Sestavine :

- 1 lb brstičnega ohrovta (obrezanega)
- 2 žlici sveže stisnjenega pomarančnega soka
- ½ čajne žličke naribane pomarančne lupinice
- ½ žlice maslenega namaza Earth Balance
- 1 žlica javorjevega sirupa
- Sol in črni poper po okusu

navodila :
a) Dodajte vse sestavine v Instant Lonec.
b) Zavarujte pokrov in izberite funkcijo »Ročno« za 4 minute z visokim pritiskom.
c) Po pisku hitro sprostite in nato odstranite pokrov.
d) Dobro premešamo in takoj postrežemo.

59. Limetin krompir

Služi: 2

Sestavine :

- ½ žlice oljčnega olja
- 2 ½ srednje velika krompirja, oluščena in narezana na kocke
- 1 žlica svežega rožmarina, sesekljanega
- Sveže mleti črni poper po okusu
- ½ skodelice zelenjavne juhe
- 1 žlica svežega limoninega soka

navodila :

a) V instant lonec dajte olje, krompir, poper in rožmarin.
b) Med stalnim mešanjem "dušite" 4 minute.
c) Dodajte vse preostale sestavine v instant lonec.
d) Pritrdite pokrov in za 6 minut izberite funkcijo »Ročno«. visok pritisk.
e) Po pisku hitro sprostite in nato odstranite pokrov.
f) Rahlo premešajte in postrezite toplo.

60. Mešanica brstičnega ohrovta in paradižnika

Služi: 4

Sestavine :

- 1 lb brstičnega ohrovta; obrezana
- 6 češnjevih paradižnikov; prepolovljena
- 1/4 skodelice zelene čebule; sesekljan.
- 1 žlica oljčnega olja
- Sol in črni poper po okusu

navodila :
a) Brstični ohrovt začinite s soljo in poprom, ga dajte v cvrtnik in kuhajte 10 minut pri 350 °F.
b) Prestavimo jih v skledo, dodamo sol, poper, češnjeve paradižnike, zeleno čebulo in olivno olje, dobro premešamo in postrežemo.

61. Redkev Hash

Služi: 4

Sestavine :

- 1/2 čajne žličke čebule v prahu
- 1/3 skodelice parmezana; nariban
- 4 jajca
- 1 lb redkev; narezana
- 1/2 čajne žličke česna v prahu
- Sol in črni poper po okusu

navodila :

a) V skledo; redkvice zmešamo s soljo, poprom, čebulo in česnom v prahu, jajci in parmezanom ter dobro premešamo
b) Redkvice prenesite v ponev, ki ustreza vašemu cvrtniku, in jih kuhajte 7 minut pri 350 °F.
c) Hašiš razdelite na krožnike in postrezite.

62. Gobe z zelišči in smetano

Služi: 4

Sestavine :

- 1 funt različnih gob, opranih in narezanih
- 2 žlici sojine omake brez sladkorja
- Sol in poper po okusu
- 1 žlica oljčnega olja
- 2 žlici sveže sesekljanega peteršilja za serviranje
- 2 žlici kisle smetane za serviranje

navodila :
a) Predgrejte svoj stroj Air Fryer na 180 stopinj F
b) Vse sestavine postavite v vakuumsko vrečko.
c) Vrečko zaprite, postavite v vodno kopel in nastavite časovnik na 30 minut.
d) Ko čas poteče, takoj postrežemo s kislo smetano in sesekljanim peteršiljem.

63. Šparglji

Služi: 4

Sestavine :

- 1 funt špargljev
- 1 strok česna, mlet
- 1 žlica oljčnega olja
- Sok 1/2 limone
- Sol in poper po okusu

navodila :
a) Predgrejte svoj stroj Air Fryer na 135 stopinj F
b) Vse sestavine postavite v vakuumsko vrečko.
c) Vrečko zaprite, postavite v vodno kopel in nastavite časovnik na 1 uro.
d) Ko preteče čas, takoj postrežemo kot prilogo ali predjed.

64. Maslo Korenje

Služi: 4

Sestavine :

- 1 funt majhnega korenja, olupljenega
- 2 žlici masla
- Sol in poper po okusu
- 1 žlica rjavega sladkorja

navodila :
a) Predgrejte svoj stroj Air Fryer na 185 stopinj F
b) Vse sestavine postavite v vakuumsko vrečko.
c) Vrečko zaprite, postavite v vodno kopel in nastavite časovnik na 1 uro.
d) Ko preteče čas, takoj postrežemo kot prilogo ali predjed.

65. Jajčevci v azijskem slogu

Služi: 4

Sestavine :

- 1 funt jajčevcev, narezanih
- 2 žlici sojine omake brez sladkorja
- 6 žlic sezamovega olja
- 1 žlica sezamovih semen za serviranje. Sol in poper po okusu

navodila :
a) Predgrejte svoj stroj Air Fryer na 185 stopinj F
b) Vse sestavine postavite v vakuumsko vrečko.
c) Vrečko zaprite, postavite v vodno kopel in nastavite časovnik na 50 minut.
d) Ko se čas izteče, jajčevce nekaj minut prepražimo v litoželezni ponvi.
e) Takoj postrezite posuto s sezamom.

66. Maslena koruza na storžu

Služi: 4

Sestavine :

- 4 koruzna klasja, oprana in narezana
- 2 žlici masla
- Sol po okusu
- 2-3 vejice peteršilja

navodila :
a) Predgrejte svoj stroj Air Fryer na 185 stopinj F
b) Koruzno klasje položimo v vakuumsko vrečko, dodamo maslo, sol in peteršilj.
c) Vrečko zaprite, postavite v vodno kopel in nastavite časovnik na 30 minut.
d) Ko čas poteče, odstranimo peteršiljeve vejice in koruzo postrežemo.

67. Začinjen stročji fižol na kitajski način

Služi: 4

Sestavine :

- 1 funt dolgega stročjega fižola
- 2 žlici čilijeve omake
- 2 stroka česna, nasekljana
- 1 žlica čebule v prahu
- 1 žlica sezamovega olja
- Sol po okusu
- 2 žlici sezamovih semen za serviranje

navodila :
a) Predgrejte svoj stroj Air Fryer na 185 stopinj F.
b) Sestavine položite v vakuumsko vrečko.
c) Vrečko zaprite, postavite v vodno kopel in nastavite časovnik na 1 uro.
d) Fižol potresemo s sezamom in postrežemo.

68. Zeliščna mešanica jajčevcev in bučk

Služi: 4

Sestavine :

- 1 jajčevec; grobo narezan na kocke
- 3 bučke; grobo narezan na kocke
- 2 žlici limoninega soka
- 1 čajna žlička timijana; posušeno
- Sol in črni poper po okusu
- 1 čajna žlička origana; posušeno
- 3 žlice oljčnega olja

navodila :
a) Jajčevce dajte v posodo, ki ustreza vašemu cvrtniku, dodajte bučke, limonin sok, sol, poper, timijan, origano in olivno olje, premešajte, vstavite v cvrtnik in kuhajte pri 360 °F 8 minut
b) Razdelite na krožnike in takoj postrezite.

69. Kuhan Bok Choy

Služi: 2

Sestavine :

- 1 strok česna, strt
- 1 šopek bok choya, obrezan
- 1 skodelico ali več vode
- Sol in poper po okusu

navodila :
a) Dodajte vodo, česen in bok choy v instant lonec.
b) Zavarujte pokrov in izberite funkcijo »Ročno« za 7 minut z visokim pritiskom.
c) Po pisku izvedite hitro sprostitev in odstranite pokrov.
d) Kuhan bok choy precedimo in prestavimo na krožnik.
e) Po vrhu potresemo nekaj soli in popra.
f) Postrezite.

70. Cvrtnik z jajčevci

PORCIRA: 2

Sestavine
- 2 mlada jajčevca
- 2 veliki jajci
- 1 skodelica svinjskega panko
- ¼ skodelice naribanega parmezana
- 1 čajna žlička česna v prahu
- 1 čajna žlička posušenega peteršilja
- ½ čajne žličke posušenega origana
- ½ čajne žličke posušene bazilike
- ¼ čajne žličke posušenega timijana
- ¼ čajne žličke posušenega rožmarina
- 2 žlički naribanega parmezana
- ogreta marinara omaka (za pomakanje)

navodila :

a) Jajčevcem odrežemo peclje in konice cvetov. Z jajčevcev olupimo vijolično lupino.

b) Olupljene jajčevce narežite na ½-palčne (1,27 cm) debele rezine, ki so dolge približno 4-4½ palcev (10-11 cm). Poskusite jih narediti približno enake velikosti za bolj enakomerno kuhanje. Rezanje debelejših ali tanjših palčk jajčevcev bo spremenilo čas cvrtja na zraku.

c) V srednje veliki skledi stepemo dve jajci.

d) V drugi skledi zmešajte svinjski panko, ¼ skodelice parmezana, česen v prahu, peteršilj, origano, baziliko, timijan in rožmarin.

e) Vsako cvrtje jajčevcev pomočite v jajca in nato premažite z mešanico svinjskih panko. Pomfri položite v eno plast, ki se ne dotika, na pladnje cvrtnika. Pokrijte ves krompirček.

f) Namig: krompirčka ne nalagajte na pladnje cvrtnika! Po potrebi jih skuhajte v več serijah.

g) Ocvrte jajčevce s parmezanom dajte v cvrtnik za 5 minut pri 375 °F (190 °C). Nato zamenjajte položaj pladnjev v pečici cvrtnika in pecite dodatnih 5 minut pri 375 °F (190 °C). Pomfrija vam ne bi bilo treba obračati.

h) Če krompirček jajčevca na tej točki ni dovolj mehak na sredini, še enkrat zamenjajte položaj pladnjev cvrtnika. Cvrete jih na zraku še 2-3 minute pri 375 °F (190 °C).

i) Pomfri jajčevcev potresemo s preostalima 2 žličkama parmezana. Pustite, da se malo ohladijo, preden jih postrežete s toplo marinara omako.

71. Air Fryer Koleraba krompirček

DOBITEK: 6

Sestavine
- 1 lb ekstra deviškega oljčnega olja
- 2 žlici grobe košer soli
- 1 čajna žlička paprike
- 1 čajna žlička česna v prahu
- ½ čajne žličke

navodila :

a) S korenino kolerabice z ostrim kuharskim nožem odrežemo liste.

b) Odrežite trdo zunanjo kožico s korenine.

c) Ko je koren olupljen, ga narežite na ¼" kolobarje in nato na ¼" debele rezine julienne.

d) Trakove julienne položite v veliko skledo za mešanje.

e) Dodajte preostale sestavine in dobro premešajte. Dodajte polovico krompirčka v košarico cvrtnika in kuhajte pri 350 F 10 minut.

f) Pretresite košaro in nato kuhajte pri višji temperaturi krajši čas, kar je 6 minut pri 400 F. Ponovite s preostalim krompirčkom. T

72. Narezane kumarice

Naredi približno 1 skodelico

Sestavine

- 1 skodelica kumare, narezana na $\frac{1}{4}$-palčne rezine
- 1 čajna žlička čebule v prahu
- 2 žlici limoninega soka

Navodila

a) V skledo za mešanje zmešajte sestavine. Postavite v stiskalnico za kumarice, pod pritiskom.

b) Ali pa na mešanico v skledi položite krožnik in nanj zložite težke krožnike.

c) Pustite na sobni temperaturi za en dan.

d) To bo v hladilniku zdržalo več dni.

73. Kandiran jam

Služi 4

Sestavine:

- 4 jam ali sladki krompir, olupljen
- 1 ali 2 žlici surovega medu ali surovega agavinega nektarja

Navodila

a) V kuhinjskem robotu z rezilom S obdelajte jam, dokler ni gladek.

b) Sladilo dodajajte po malo, ob vsakem dodajanju predelajte in nato okušajte, dokler ne dosežete želene sladkosti.

c) Pazite, da ne boste preveč sladkali.

74. Solata, polnjena z avokadom

Obroki: 4

Sestavine
- 2 skodelici narezanega rdečega zelja
- 3/4 skodelice naribanega korenja
- 1/2 skodelice naribane rdeče čebule
- sok 1 limete
- 2 avokada, razpolovljena in izkoščičena

Navodila

a) V srednje veliki skledi zmešajte oba ohrovta, korenček in rdečo čebulo

b) Mešanico zelja prelijemo z limetinim sokom in premešamo.

c) V vsaki polovici avokada previdno naredite luknjo. Napolnite s slanico in uživajte!

75. Surovi bučkini zvitki

Obroki: 3

Sestavine

- 1 srednja bučka
- 150 g kremnega sira iz indijskih oreščkov
- 2 žlici limoninega soka
- 5 svežih listov bazilike
- pest orehov

Navodila

a) V skledi zmešamo indijski sir z limoninim sokom in sveže sesekljano baziliko.
b) Dodamo pest sesekljanih oreščkov.
c) Z lupilcem krompirja iz bučk izrežemo dolge trakove,
d) Na vsak trak dajte približno 1 čajno žličko sirne mešanice.
e) Trak bučk povaljajte po sirni mešanici in okrasite s svežo baziliko.

76. S pestom iz indijskih oreščkov polnjeni šampinjoni

Porcije 12 gob

Sestavine

- 10 oz. cele gobe Cremini , osrednje peclje odstranimo
- 15-20 velikih listov bazilike
- sok in lupina 1 limone
- 2/3 skodelice surovih indijskih oreščkov
- Črni poper po okusu

Navodila

a) V kuhinjskem robotu ali mešalniku zmešajte baziliko, limonin sok in indijske oreščke.

b) Začinite s poprom in kuhalnikom hrane, dokler ni grobo narezan.

c) Mešajte približno 30 sekund, dokler pesto ni gladek in kremast.

d) Gobove klobuke z odprto stranjo navzgor položite na servirni krožnik. Pesto naložimo na gobje klobuke.

e) Potresemo z limonino lupinico in okrasimo s celim indijskim oreščkom.

77. Avokado Caprese solata

Obroki: 6 obrokov

Sestavine

- 4 srednje veliki paradižniki
- 3 srednje velike avokade
- 1 velik šopek sveže bazilike
- 1 limonin sok

Navodila

a) Avokado prerežite okoli ekvatorja in odstranite koščico. Narežite na kolobarje, nato odstranite lupino.

b) Rezine avokada rahlo stresite v limonin sok.

c) Paradižnik narežemo.

d) Zložite rezine paradižnika, rezine avokada in liste bazilike. Uživajte!

78. Surovi taco čolni

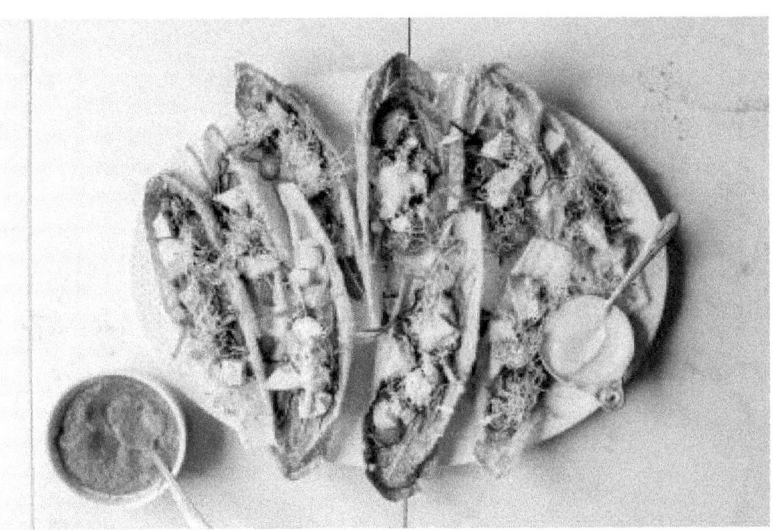

Porcije 4

Sestavine

- 1 glava zelene solate
- 1/2 skodelice surovega pesinega humusa
- 1 skodelica razpolovljenih češnjevih paradižnikov
- 3/4 skodelice na tanko narezano rdeče zelje
- 1 srednje zrel avokado (na kocke)

Navodila

a) Solatne čolne razporedite po servirnem krožniku in začnite polniti z 1-2 žlicama (15-30 g) humusa.

b) Nato potresemo s paradižniki, zeljem in avokadom.

79.   jabolčni nachos

Izkoristek: Za 1 osebo

Sestavine

- 2 jabolki po izbiri
- ⅓ skodelice naravnega masla iz orehov
- majhna pest naribanega kokosa
- potresemo s cimetom
- 1 žlica limoninega soka

Navodila

a) Jabolka: Jabolka operite, jim odstranite sredico in jih narežite na ¼-palčne rezine.

b) Rezine jabolk položite v majhno skledo z limoninim sokom in jih premešajte.

c) Maslo iz oreščkov: segrevajte maslo iz oreščkov, dokler ni segreto in nekoliko tekoče.

d) S krožnimi gibi, od sredine krožnika do zunanjega roba, nakapajte maslo iz oreščkov.

e) Po vrhu potresemo kokosove kosmiče in potresemo s cimetom.

80. Surove brezmesne kroglice

Sestavine

- 1 skodelica surovih sončničnih semen
- ½ skodelice + 1 žlica surovega mandljevega masla
- 4 sušeni paradižniki, namočeni
- 3 žlice sveže naribane bazilike
- 1 čajna žlička olja iz orehov

Navodila

a) Vse sestavine zmešajte v kuhinjskem robotu in mešajte, dokler zmes ne doseže teksture, podobne mletemu mesu.

b) Zmes zajemamo z zvrhanimi čajnimi žličkami in oblikujemo vsako mesno kroglico.

c) To mešanico lahko postrežemo kot kroglice na surovih testeninah iz bučk.

d) Dobro se ujema tudi z omako marinara, kislo smetano iz indijskih oreščkov ali pestom!

81. Testenine s surovim korenčkom

Služi: 6

Sestavine:
- 5 velikih korenčkov, olupljenih in spiralastih
- 1/3 skodelice indijskih oreščkov
- 2 žlici svežega cilantra, sesekljanega
- 1/3 skodelice ingverjevo-limetine arašidove omake ali katere koli surove omake

Navodila
a) Vse korenčkove rezance dajte v veliko servirno skledo.
b) Na rezance prelijte ingverjevo-limetino arašidovo omako in jih nežno premešajte
c) Postrezite z indijskimi oreščki in sveže sesekljanim cilantrom.

82. Testenine iz bučk

Sestavine:

- 1 bučka
- 1 skodelica paradižnika
- 1/2 skodelice posušenih paradižnikov
- 1,5 medjool datljev

Navodila

a) Bučke narežemo na rezance s pomočjo spiralizatorja ali lupilnika za juliene.

b) Preostale sestavine zmešajte v mešalniku z visoko hitrostjo in jih zmešajte.

83. Gobova juha Shiitake

Za 6 obrokov

Sestavine
- 6 skodelic posušenih shiitake gob
- 10 skodelic vode
- 2 žlici nama shoyu
- 1 žlica svežega sesekljanega drobnjaka

Navodila

a) Gobe in vodo damo v večjo posodo in pokrito postavimo v hladilnik za približno 8 ur.

b) Ko ste pripravljeni, odcedite vodo iz gob v drugo skledo ali posodo.

c) Zmešajte nama shoyu v gobovo juho.

d) Gobam odstranimo in zavržemo stebla, klobuke pa sesekljamo.

e) V juho dodamo narezane gobe in potresemo s sesekljanim drobnjakom.

84. cvetača brokoli 'riž'

Porcije: 2-3 obroke

Sestavine

- 1 glava cvetače
- 2 skodelici narezanega brokolija
- 3 kosi zelene čebule
- $\frac{3}{4}$ skodelice paprike, sesekljane
- $\frac{1}{4}$ skodelice edamama

Navodila

a) Cvetačo nalomite na cvetove in dobro operite.

b) Cvetke nasekljajte na manjše koščke in jih po nekaj pesti dajte v kuhinjski robot.

c) Pulzirajte približno 5-10 sekund, če uporabljate mešalnik, cvetačo potisnite navzdol z nabojem.

d) Mešanico cvetače dajte v skledo in vmešajte preostale sestavine.

e) Pustite stati vsaj 30 minut in občasno premešajte.

85. Bučkini rezanci z bučnimi semeni

Služi za 1-2

Sestavine

- 2 majhni bučki
- 1/4 skodelice surovih bučnih semen
- 2 žlici prehranskega kvasa
- 1/4 skodelice listov bazilike/drugih svežih zelišč
- Toliko mleka ali vode iz orehov, kot je potrebno

Navodila

a) Za pripravo rezancev narežite bučke na mandolinski ali spiralni rezalnik. Odložite v veliko skledo.

b) Za pripravo omake zmešajte vse sestavine do gladkega (počasi dodajajte vodo ali mleko iz orehov).

c) Omako vmasirajte v rezance, dokler niso enakomerno prevlečeni.

d) Pustimo jih minuto počivati, da se zmehčajo in marinirajo.

86.   Marinirane gobe z limono in peteršiljem

NAREDI 1

Sestavine

- 6 c. bele gobe
- $\frac{1}{2}$ 1 sladke bele čebule
- $\frac{1}{2}$ c. sesekljan peteršilj
- $\frac{1}{4}$ c. limonin sok
- $\frac{1}{4}$ c. olje iz orehov

Navodila

a) V majhni skledi zmešajte vse sestavine za marinado.

b) Vse gobe narežite na približno $\frac{1}{4}$" debelo in jih položite v veliko skledo.

c) Sestavine prelijemo z marinado in mešamo, dokler ni vse dobro prekrito.

d) Gobe izpraznite v 1-galonsko vrečko Ziploc za zamrzovanje in iztisnite čim več zraka.

e) Gobe hladite vsaj 4 ure. Približno enkrat na uro odstranite vrečko in jo obrnite, da se sestavine nekoliko premaknejo.

f) Ko mine dovolj časa, jih vzemite iz hladilnika, postrezite in uživajte.

87. Veganske spomladanske zavitke

Porcije 4 porcije

Sestavine

- 6 ovojev iz riževega papirja
- 1 julien korenčka
- 1/2 srednje julienirane kumare
- 1 julien rdeča paprika
- 100 gramov ali 1 skodelica narezanega rdečega zelja

Navodila

a) Začnite z namakanjem riževega papirja po navodilih na embalaži.

b) Pred sestavljanjem zvitkov pripravimo vso zelenjavo.

c) Položite svoj prvi ovoj na desko za rezanje in položite majhen del rezin zelenjave zelo tesno

d) Vse skupaj tesno zvijte, tako kot burrito, tako da zvitek riževega papirja zapognete do polovice.

e) Vsako rolico prerežemo na pol in postrežemo.

88. Bučni curry s pikantnimi semeni

Sestavine

- 3 skodelice buče – narezane na 1-2 cm velike kose
- 2 žlici olja
- ½ žlice gorčičnih semen
- ½ žlice kuminovih semen
- Ščepec asafetide
- 5-6 curryjevih listov
- ¼ jedilna žlica semen piskavice
- 1/4 žlice semen komarčka
- 1/2 žličke naribanega ingverja
- 1 žlica tamarind paste
- 2 žlici suhega, mletega kokosa
- 2 žlici praženih mletih arašidov
- Sol in rjavi sladkor ali jaggery po okusu
- Sveži listi koriandra

Navodila

a) Segrejte olje in dodajte gorčična semena. Ko popokajo, dodajte kumino, triplat, asafetido, ingver, curryjeve liste in koromač. Kuhajte 30 sekund.

b) Dodamo bučo in sol. Dodajte tamarindovo pasto ali vodo s pulpo v notranjosti. Dodajte jaggery ali rjavi sladkor. Dodamo mleti kokos in arašide v prahu. Kuhajte še nekaj minut. Dodamo nasekljan svež koriander.

89. Tamarind ribji kari

Služi 4

Sestavine
- 1 1/2 funtov bele ribe, narezane na koščke
- 3/4 čajne žličke in 1/2 čajne žličke kurkume v prahu
- 2 čajni žlički pulpe tamarinde, namočeni v 1/4 skodelice vroče vode 10 minut
- 3 žlice rastlinskega olja
- 1/2 čajne žličke semen črne gorčice
- 1/4 čajne žličke semen piskavice
- 8 svežih curryjevih listov
- velika čebula, mleto
- Serrano zeleni čili, brez semen in zmlet
- majhni paradižniki, narezani
- 2 posušena rdeča čilija, grobo pretlačena
- 1 čajna žlička koriandrovih semen, grobo pretlačenih
- 1/2 skodelice nesladkanega posušenega kokosa
- Namizna sol, po okusu
- 1 skodelica vode

Navodila
a) Ribe položite v skledo. Dobro zdrgnite s 3/4 čajne žličke kurkume in pustite za približno 10 minut. Izperite in posušite.
b) Tamarindo precedite in tekočino odstavite. Ostanke zavrzite.

c) V veliki ponvi segrejte rastlinsko olje. Dodajte gorčična semena in semena triplata. Ko začnejo škropiti, dodajte karijeve liste, čebulo in zelene čilije. Pražite 7 do 8 minut oziroma dokler čebula dobro ne porjavi.

d) Dodajte paradižnik in kuhajte še 8 minut oziroma dokler se olje ne začne ločevati od sten zmesi. Dodajte preostalo 1/2 čajne žličke kurkume, rdeče čilije, koriandrova semena, kokos in sol; dobro premešamo in kuhamo še 30 sekund.

e) Dodamo vodo in precejen tamarind; zavrite. Znižajte ogenj in dodajte ribe. Na majhnem ognju kuhamo 10 do 15 minut oziroma toliko časa, da je riba popolnoma kuhana. Postrezite toplo.

90.   Okra Curry

Sestavine

- 250 g bamije (ženske prsti) – narezane na cm velike kose
- 2 žlici naribanega ingverja
- 1 žlica gorčičnih semen
- 1/2 žlice kuminih semen
- 2 žlici olja
- Sol po okusu
- Ščepec asafetide
- 2-3 žlice praženih arašidov v prahu
- Listi koriandra

Navodila

a) Segrejte olje in dodajte gorčična semena. Ko popokajo, dodajte kumino, asafetido in ingver. Kuhajte 30 sekund.

b) Dodajte okra in sol ter mešajte, dokler ni kuhano. Dodajte arašide v prahu, kuhajte še 30 sekund.

c) Postrezite s koriandrovimi listi.

91. Zelenjavni kokosov curry

Sestavine

- 2 srednje velika krompirja, narezana na kocke
- 1 1/2 skodelice cvetače – narezane na cvetove
- 3 paradižnike, narezane na velike kose
- 1 žlica olja
- 1 žlica gorčičnih semen
- 1 žlica kuminovih semen
- 5-6 curryjevih listov
- Ščepec kurkume - neobvezno
- 1 žlica naribanega ingverja
- Sveži listi koriandra
- Sol po okusu
- Svež ali posušen kokos – nastrgan

Navodila

a) Segrejte olje in dodajte gorčična semena. Ko popokajo, dodajte preostale začimbe in kuhajte 30 sekund.

b) Dodajte cvetačo, paradižnik in krompir ter malo vode, pokrijte in med občasnim mešanjem dušite, dokler ni kuhano. Nekaj tekočine mora ostati. Če želite suh curry, potem pražite nekaj minut, dokler voda ne izhlapi.

c) Dodamo kokos, sol in liste koriandra.

92. Osnovni zelenjavni curry

Sestavine:

- 250 g sesekljane zelenjave
- 1 čajna žlička olja
- ½ čajne žličke gorčičnih semen
- ½ čajne žličke semen kumine
- Ščepec asafetide
- 4-5 curryjevih listov
- ¼ čajne žličke kurkume
- ½ čajne žličke koriandra v prahu
- Ščepec čilija v prahu
- Nariban ingver
- Sveži listi koriandra
- Sladkor/ jaggery in sol po okusu
- Svež ali posušen kokos

Navodila

a) Zelenjavo narežite na majhne koščke (1-2 cm), odvisno od zelenjave.

b) Segrejte olje in dodajte gorčična semena. Ko popokajo, dodajte kumino, ingver in preostale začimbe.

c) Dodamo zelenjavo in kuhamo. Na tej točki lahko pražite zelenjavo, dokler ni kuhana, ali dodajte malo vode, pokrijte lonec in dušite.

d) Ko je zelenjava kuhana dodamo poljubni sladkor, sol, kokos in koriander

93. Black Eye Bean in kokosov curry

Sestavine

- ½ skodelice črnega fižola, kaljenega, če je mogoče
- 2 skodelici vode
- 1 žlica olja
- 1 žlica gorčičnih semen
- 1 žlica kuminih semen
- 1 žlica asafetide
- 1 žlica naribanega ingverja
- 5-6 curryjevih listov
- 1 žlica kurkume
- 1 žlica koriandra v prahu
- 2 paradižnika - narezana
- 1-2 žlici. praženi arašidi v prahu
- Sveži listi koriandra
- Svež kokos, nariban
- Sladkor in sol po okusu

Navodila

a) Fižol namočite v vodi za 6-8 ur ali čez noč. Fižol skuhamo v loncu na pritisk ali zavremo v loncu.

b) Segrejte olje in dodajte gorčična semena. Ko popokajo, dodajte semena kumine, asafetido, ingver, curryjeve liste, kurkumo in koriander v prahu. Dodamo pražene arašide in paradižnik.

c) Dodamo fižol in vodo. Nadaljujte z občasnim mešanjem, dokler ni popolnoma kuhano.

d) Po potrebi dodajte več vode. Dodamo sladkor in sol po okusu, okrasimo s koriandrovimi listi in kokosom.

94.   Zelje Curry

Sestavine

- 3 skodelice zelja - nastrganega
- 1 čajna žlička olja
- 1 čajna žlička gorčičnih semen
- 1 čajna žlička kuminovih semen
- 4-5 curryjevih listov
- Ščepec kurkume r neobvezno
- 1 čajna žlička naribanega ingverja
- Sveži listi koriandra
- Sol po okusu
- Neobvezno - ½ skodelice zelenega graha

Navodila

a) Segrejte olje in dodajte gorčična semena. Ko popokajo, dodajte preostale začimbe in kuhajte 30 sekund.

b) Dodajte zelje in drugo zelenjavo, če jo uporabljate, občasno premešajte, dokler ni popolnoma kuhana. Po potrebi lahko dodamo vodo.

c) Solimo po okusu in dodamo liste koriandra.

95. Cvetačni kari

Sestavine

- 3 skodelice cvetače – narezane na cvetove
- 2 paradižnika - narezana
- 1 čajna žlička olja
- 1 čajna žlička gorčičnih semen
- 1 čajna žlička kuminovih semen
- Ščepec kurkume
- 1 čajna žlička naribanega ingverja
- Sveži listi koriandra
- Sol po okusu
- Svež ali posušen kokos – nastrgan

Navodila

a) Segrejte olje in dodajte gorčična semena. Ko popokajo, dodajte preostale začimbe in kuhajte 30 sekund. Če uporabljate, na tej točki dodajte paradižnik in kuhajte 5 minut.

b) Dodamo cvetačo in malo vode, pokrijemo in med občasnim mešanjem dušimo, dokler ni popolnoma kuhana. Če želite bolj suh curry, potem v zadnjih nekaj minutah odstranite pokrov in prepražite. Zadnjih nekaj minut dodajte kokos.

96. Krompirjev, cvetačni in paradižnikov kari

Sestavine:

- 2 srednje velika krompirja, narezana na kocke
- 1 1/2 skodelice cvetače, narezane na cvetove
- 3 paradižnike, narezane na velike kose
- 1 čajna žlička olja
- 1 čajna žlička gorčičnih semen
- 1 čajna žlička kuminovih semen
- 5-6 curryjevih listov
- Ščepec kurkume - neobvezno
- 1 čajna žlička naribanega ingverja
- Sveži listi koriandra
- Svež ali posušen kokos – nastrgan

Navodila

a) Segrejte olje in dodajte gorčična semena. Ko popokajo, dodajte preostale začimbe in kuhajte 30 sekund.

b) Dodajte cvetačo, paradižnik in krompir ter malo vode, pokrijte in med občasnim mešanjem dušite, dokler ni kuhano. Dodamo kokos, sol in liste koriandra.

97. Bučni kari

Sestavine:

- 3 skodelice buče – narezane na 1-2 cm velike kose
- 2 žlički olja
- ½ čajne žličke gorčičnih semen
- ½ čajne žličke semen kumine
- Ščepec asafetide
- 5-6 curryjevih listov
- ¼ čajne žličke semen piskavice
- 1/4 čajne žličke semen komarčka
- 1/2 čajne žličke naribanega ingverja
- 1 čajna žlička tamarind paste
- 2 žlici suhega, mletega kokosa
- 2 žlici praženih mletih arašidov
- Sol in rjavi sladkor ali jaggery po okusu
- Sveži listi koriandra

Navodila

a) Segrejte olje in dodajte gorčična semena. Ko popokajo, dodajte kumino, triplat, asafetido, ingver, curryjeve liste in koromač. Kuhajte 30 sekund.

b) Dodamo bučo in sol.

c) Dodajte tamarindovo pasto ali vodo s pulpo v notranjosti. Dodajte jaggery ali rjavi sladkor.

d) Dodamo mleti kokos in arašide v prahu. Kuhajte še nekaj minut.

e) Dodamo nasekljan svež koriander.

98. Premešajte zelenjavo

Sestavine:

- 3 skodelice sesekljane zelenjave
- 2 čajni žlički naribanega ingverja
- 1 čajna žlička olja
- ¼ čajne žličke asafetide
- 1 žlica sojine omake
- Sveža zelišča

Navodila

a) V ponvi segrejemo olje. Dodajte asafetido in ingver. Pražimo 30 sekund.

b) Dodajte zelenjavo, ki se najdlje kuha, na primer krompir in korenček. Pražimo minuto in nato prilijemo malo vode, pokrijemo in dušimo do polovice.

c) Dodajte preostalo zelenjavo, kot so paradižnik, sladka koruza in zelena paprika. Dodajte sojino omako, sladkor in sol. Pokrijemo in dušimo skoraj do kuhanja.

d) Odstranite pokrov in pražite še nekaj minut.

e) Dodajte sveža zelišča in pustite nekaj minut, da se zelišča premešajo z zelenjavo.

99. Curry iz bele buče

Sestavine:

- 250 gramov bele buče
- 1 čajna žlička olja
- ½ čajne žličke gorčičnih semen
- ½ čajne žličke semen kumine
- 4-5 curryjevih listov
- Ščepec kurkume
- Ščepec asafetide
- 1 čajna žlička naribanega ingverja
- 1 do 2 žlici praženih arašidov v prahu
- Rjavi sladkor in sol po okusu

Navodila

a) Segrejte olje in dodajte gorčična semena. Ko popokajo, dodajte kumino, karijeve liste, kurkumo, asafetido in ingver. Kuhajte 30 sekund.

b) Dodamo belo bučo, malo vode, pokrijemo in med občasnim mešanjem dušimo, dokler ni kuhano.

c) Dodamo pražene arašide, sladkor in sol ter kuhamo še eno minuto.

100. Pečena korenasta zelenjava in sirek

Služi 8

Sestavine
- 1 skodelica biserne čebule, olupljena
- 16 mladih korenčkov, olupljenih in prerezanih na pol po dolžini (približno 1 funt)
- 12 mladičev repe, olupljene in po dolžini prerezane na pol (približno 1 funt)
- 2 čajni žlički kokosovega olja
- 2 žlici sirka
- 2 žlici jabolčnega kisa
- 1 žlica sesekljanega svežega drobnjaka
- ½ čajne žličke košer soli
- ¼ čajne žličke mletega črnega popra
- Ščepec sezamovih semen

Navodila
a) Pečico segrejte na 450°.
b) Na ponev položite čebulo, korenje in repo.
c) Pokapajte s kokosovim oljem in nežno premešajte, da se prekrije. Pečemo 15 minut .
d) Združite sirek in kis. Polovico mešanice sirka pokapajte čez korenčkovo mešanico in nežno premešajte, da se prekrije.
e) Pečemo še 15 minut ali dokler se zelenjava ne zmehča. Pokapljamo s preostalo mešanico sirka.

f) Enakomerno potresemo s sesekljanim svežim drobnjakom, soljo, sezamom in sveže mletim črnim poprom.

ZAKLJUČEK

Potrebujete malo pomoči pri uživanju več zelenjave? Ta knjiga poudarja najpogostejše načine kuhanja zelenjave, ki so vsi zdravi načini za pripravo zelenjave, ki je dejansko dobrega okusa! Poslovite se od mokre, mehke zelenjave in pozdravite svojo novo priljubljeno skupino hrane!

Milton Keynes UK
Ingram Content Group UK Ltd.
UKHW021038101023
430300UK00017B/314